丛书编委会

总策划：李继增

主　编：焦庆锋

副主编：翁　亮

编　委：陈　群　焦　琳　焦　璐
　　　　焦庆海　李雪研　刘海建
　　　　刘万柯　路玉明　任立丛
　　　　王亚飞　杨　春　杨　科
　　　　于景国　张　深　张晓燕
　　　　郑　博　郑浩森　郑　琳

人生必读书·百科系

万物探索

精彩无限

翻开本书,
让我们一起来探索吧!

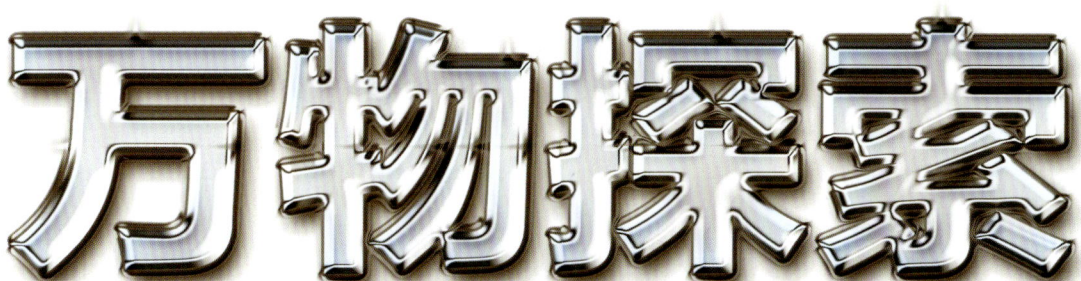

恐龙世界

探索万物之谜,寻找存在之源,
满足永不磨灭的好奇心和求知欲!

焦庆锋 主编

山东美术出版社

WANWU TANSUO QIAN YAN
前言

孩子们在成长的过程中，会对周围的世界充满好奇：天上有什么？星星上有没有人？鸟为什么会飞……在他们幼小的心灵深处，有一种对周围世界追求和探索的渴望。我们生活的这个世界多姿多彩，有太多太多的事物需要我们去探索，去发现，去了解。正是孩子们天生具有的探索精神，让他们充满了学习的动力和激情。随着孩子们年龄的增长，他们会越来越喜欢探索活动，想在生活中寻找问题的答案，这是儿童心理发展的一种正常现象。孩子们在参加探索活动的过程中，不仅会体验到探索的乐趣，而且自身的思维能力、创造力都将得到发展。

为了让孩子们更好地认识我们生活的这个世界，激发孩子们的想象力，培养孩子们独立思考和解决问题的能力，我们特推出了这套《万物探索》丛书。本套丛书共分16册，内容包罗万象、丰富多彩，既有浩瀚的宇宙，又有广阔的海洋；既有恐龙的兴衰存亡，又有令人费解的未解之谜；既有引人入胜的名胜古迹，又有缥缈的天外来客……这些构成了一席科学知识的盛宴，一定会让孩子们在知识的海洋里回味无穷。

在这套精彩纷呈的《万物探索》丛书中，我们可以一起去探索宇宙世界的奥秘，感受自然现象的诡异，揭秘地球生物的神奇；我们可以一起在这颗蓝色星球上游弋，感受撒哈拉的荒凉、骷髅海岸的恐怖、神农架的美丽；我们可以一起畅游全球，参观那些奇妙无比的美景、与众不同的国家、别有风情的城市，体验各地的奇风异俗；我们还可以一起走进历史长河，了解古老文明的兴亡……

本套丛书设计精美，内容科学，集知识性和趣味性于一体。让我们一同走进《万物探索》，领略自然的伟大，探索世界的神奇吧！

WAN
WU
TANSUO
万物探索

阅读导航 YUEDU DAOHANG

✳ 导 语

在每个章节的开头，设有"导读"模块，其目的是对本章节的知识做一个引导说明，让小读者们可以大概了解本章节的知识内容，从而形成一个整体的认识。

原始地球
地球的形成

大约138.2亿年前，宇宙诞生了，这为地球的产生奠定了物质基础。地球是一颗行星，它起源于46亿年前的原始太阳星云。

太阳系和地球起源的假说

人们对于太阳系和地球的起源有很多猜测，比如潮汐说、碰撞说、宇宙大爆炸说等。从20世纪50年代起，人们对这些假说越来越怀疑，星云说逐渐占据了上风。国内的天文学家们对地球和太阳系的起源进行了一些理论上的分析，并对行星的形成过程进行了比较详细的论述，最后归结为：原始星云演化是太阳系和地球的起源。

劳亚古陆

劳亚古陆是现在的亚洲、欧洲和北美洲的结合体，主要由古北美陆块、古欧洲陆块、古西伯利亚陆块和古中国陆块等几个古老的陆地合并而成，它的形成和演化历史非常复杂。大约3亿年前，这些古陆块开始逐渐靠拢，并发生了碰撞。到了2亿至2亿7千万年前，这些古陆块才完全闭合，形成了劳亚古陆。不过劳亚古陆后来又破裂，它的解体促使了大西洋的形成。

✳ 知识详尽

本书所讲的内容具有详细、权威的特点。语言生动有趣，能让小读者们在快乐中接受知识，丰富他们的知识储备。

❋ 选图精美

在编排时，采用了大量精美的高清照片（图片），可以让小读者们通过图片对知识点有一个更加直观的认识。

❋ 扩展知识

在本书当中，小读者们会了解到很多有趣的知识。除内文中讲到的知识外，书中还开辟有"扩展知识"模块，这里的小知识起到补充的作用，小读者们千万不要错过。

目录 WANWUTANSUO MULU

原始地球 008

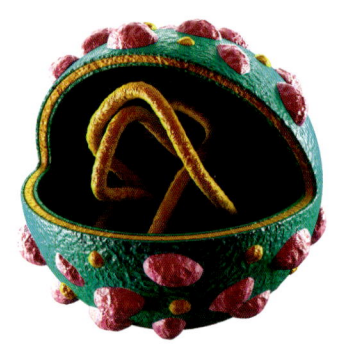

- 地球的形成 …… 008
- 生命起源 …… 010
- 生物出现 …… 012
- 寒武纪生命大爆发 …… 014
- 奥陶纪（约 4.8-4.4 亿年前）…… 016
- 志留纪和泥盆纪（约 4.38-3.5 亿年前）…… 018
- 石炭纪和二叠纪（约 3.55-2.5 亿年前）…… 020

022 走进恐龙

- 恐龙化石的发现 …… 022
- 恐龙的足迹 …… 024
- 恐龙是什么 …… 026
- 恐龙的分类 …… 028
- 多种多样的恐龙体型 …… 030
- 恐龙身上有哪些武器 …… 032
- 恐龙能活多大岁数 …… 034
- 恐龙之间如何交流 …… 036
- 大脑与智力 …… 038
- 恐龙灭绝 …… 040

三叠纪 042

- 原蜥脚类 …… 046
- 槽齿龙 …… 048
- 板龙 …… 050
- 大椎龙 …… 052
- 兽脚类 …… 054

万物探索 目录
WANWUTANSUO MULU

侏罗纪 056

- 小盾龙 ······ 058
- 莱索托龙 ······ 060
- 翼龙 ······ 062
- 蛇颈龙 ······ 064
- 斑龙 ······ 066
- 川街龙 ······ 068
- 梁龙 ······ 070
- 嗜鸟龙 ······ 072
- 异特龙 ······ 074
- 始祖鸟 ······ 076

078 白垩纪

- 暴龙 ······ 080
- 恐爪龙 ······ 082
- 阿马加龙 ······ 084
- 镰刀龙 ······ 086
- 阿根廷龙 ······ 088
- 棘龙 ······ 090
- 三角龙 ······ 092
- 慈母龙 ······ 094
- 原角龙 ······ 096
- 特暴龙 ······ 098

原始地球

地球的形成

大约138.2亿年前，宇宙诞生了，这为地球的产生奠定了物质基础。地球是一颗行星，它起源于46亿年前的原始太阳星云。

活动着的星球

地球是一成不变的吗？不是。地球是不断变化的。在自然界的风雨雷电等的长期作用下，很多山脉逐渐被夷为平地，坍塌的石块堆积在海底，形成新的山脉……那些陆地板块也不是一动不动的，它们逐渐地靠拢在一起，相互碰撞，不断移动，经过长久的变化，才逐渐形成了现在的样子。没有人会知道，千百万年之后，地球又会变成怎样的模样。

太阳系的形成

德国哲学家康德在1755年以牛顿的万有引力定律为根据提出了太阳系形成的假说。星云是一种云雾状的微粒物质，康德认为太阳系中的太阳、行星和卫星等都是由星云演化而成。法国天文学家拉普拉斯在1796年提出了星云说，与康德的学说统称为"康德-拉普拉斯星云说"。19世纪时，这个学说占据了绝对的统治地位。

太阳系和地球起源的假说

人们对于太阳系和地球的起源有很多猜测，比如潮汐说、碰撞说、宇宙大爆炸说等。从20世纪50年代起，人们对这些假说越来越怀疑，星云说逐渐占据了上风。国内的天文学家们对地球和太阳系的起源进行了一些理论上的分析，并对行星的形成过程进行了比较详细的论述，最后归结为：原始星云演化是太阳系和地球的起源。

劳亚古陆

劳亚古陆是现在的亚洲、欧洲和北美洲的结合体，主要由古北美陆块、古欧洲陆块、古西伯利亚陆块和古中国陆块等几个古老的陆地合并而成，它的形成和演化历史非常复杂。大约3亿年前，这些古陆块开始逐渐靠拢，并发生了碰撞。到了2亿至2亿7千万年前，这些古陆块才完全闭合，形成了劳亚古陆。不过劳亚古陆后来又破裂，它的解体促使了大西洋的形成。

早期地球

在地球最初形成的时期，地球上的环境很不稳定。后来地球逐渐冷却下来，开始出现雨水，并形成了海洋。当时的地表环境非常糟糕，充斥着雷电、辐射强烈的紫外线等等，不过科学家们认为正是因为有各种能量，才促使了生命的产生。

生命起源

人们总是不由得会问：生命是怎么起源的呢？在学术界中，人们普遍接受的是以《物种起源》和米勒实验为理论基础的化学起源说。

宇宙生命论（或生命外来论）

宇宙生命论认为"地上生命，天外飞来"。也就是说，地球上的原始生命是从其他星球上传过来的。这个假说认为生命最初的起点叫作"生命胚种"，它随着陨石偶然落到地球表面，才让地球产生了生命。不过，现代科学研究表明，目前已知的其他星球上根本就没有生命存活所需要的条件，所以这个假说实际上是把生命起源的问题推到了无法解释的宇宙中。那么宇宙中的生命是怎样起源的呢？人们依然无从知晓。

外逸层
热大气层
中间层
平流层
对流层
对流层顶
臭氧层
平流层顶
中气层顶
电离层
热成层顶

生命的起步

亿万年前的第一个生物细胞是怎样出现的，人们无法见证。科学家们做了很多实验，他们通过实验模拟了当时可能存在的情况。从实验中，他们得出结论，生命化学元素的形成是偶然的。当这些化学元素越来越多，堆积成块的时候，它们就有可能形成了地球上的第一个生命体。

未知的生命起源

地球上的生命到底是什么时候产生的？第一次产生生命的地方是哪里？生命是怎样产生的呢？这些问题一直是亘古未解之谜。很久以前，人们就想破解这个谜题，在研究的路上，人们遇到过许多坎坷，当然也生发出不少智慧的曙光。两千五百多年前的春秋时期，有一位非常著名的哲学家——老子，在他的著作《道德经》里面写道："道生一，一生二，二生三，三生万物。"翻译成现代语言就是：宇宙产生了最初的物质，物分阴阳，有阴阳就可以新生，于是万物就产生了。

生命与大气层

很久以前，人们有一种观点：生命的原始产生地是海洋表面。不过在生命刚刚诞生的时候，因为大气中的臭氧层还没有形成，所以阳光特别强烈，紫外线可以直接照射到地球的表面。至于那些幼小、稚嫩的生命为什么能够躲过紫外线的伤害并成功进化，这个问题到现在都没有人能够解释。

生物出现

据国外媒体报道，古生物学家们迄今发现的远古生物历史可追溯至 6.35 亿年前，这些地球最早期生物的生活方式非常像现今的海绵，根部扎在海底，过滤水中的食物颗粒。

专家的推测

1871年，查尔斯·达尔文推测最早的生命可能出现在小池塘中。另一些科学家则认为早期生命生活在温度较高的、矿产资源较为丰富的水域环境中的可能性更大。最近，一些科学家提出了新的理论，与前面的观点正好相反，他们认为原始生命的起源不是在温暖的地方，而是在特别寒冷的地方，一些突发事件促进了有机物质在无机环境中的形成。

首批原始细胞

一些专家认为,地球逐渐冷却之后,形成了一些简单的有机化合物(单分子物)。这些简单的有机化合物互相碰撞、融合,形成了较为复杂的混合物,也就是聚合物。这些大点的混合物随着洋流漂到了海岸或者深海温泉等"热点地区",随着时间的推移,慢慢地形成了首批原始细胞。

原始生命的出现

在高温、紫外线、雷电等的长期作用下,原始大气中逐渐出现了简单的有机物。随着地球温度慢慢降低,水蒸气凝结成雨,这些简单微小的有机物便随着雨水落下来。一些有机物进入了原始海洋,它们在海洋中不断地变化,形成了大分子的蛋白质。直到地球形成后10亿年,原始生命才形成。

寒武纪生命大爆发

1909年，美国古生物学家查尔斯·沃尔科特发现了伯吉斯页岩石，这块岩石成了已知的记录历史上许多重要动物群的最古老的例证。

寒武纪生命大爆发带来的挑战

寒武纪生命大爆发对科学家们提出的挑战是什么？那就是在达尔文生活的年代和以后的时间里，科学家们在寒武纪岩层以下和年代更久远的岩层中，根本就没有发现动物化石。这个发现对于达尔文的进化论来说非常不利，因为达尔文的生物进化论认为生物都是由低级向高级发展，在结构复杂的动物形式之前应该有结构简单的动物形式出现才对。

结构复杂的动物

寒武纪存在于约5.42亿至4.9亿年前，在这段时间，地球上突然出现了很多结构复杂的动物。至于这些动物是怎么出现的，至今仍是一个谜。在伯吉斯页岩石的化石中，从未出现过这些复杂动物的记录。

寒武纪开始的意义

在寒武纪之前，地球就已经形成了。那时候，地球上没有各种各样的生物，周围一片死寂，这片死寂持续了几十亿年之久。这段缺少生命的漫长时间在历史上被称为前寒武纪，地史时期的八分之七都属于前寒武纪。由于缺乏足够的生物依据，人类对那段历史所知甚少。寒武纪的开始，标志着地球进入了生物大繁荣的阶段。

奥陶纪（约 4.95—4.44 亿年前）

古生代的第二个纪叫作奥陶纪，开始于距今约 4.95 亿年前至 4.44 亿年前，持续了 5500 万年。在这之后，发生了一次引发大规模物种大灭绝的大爆炸——伽马射线暴。

奥陶纪时期生物类群的进一步发展

在奥陶纪，陆地上的变化很小，在水生植物的光合作用下，空气中的氧气含量大大地提高了。广阔无垠的大海里，各种无脊椎动物在默默地生活、繁衍，一些种类的动物得到了进一步的发展，比如牙形石、海百合、腕足动物、珊瑚虫、苔藓虫等，甚至还有一些软体动物，也都得到了很好的发展。

海生无脊椎动物的繁盛时期

奥陶纪时期，大陆地区遭受了广泛的海侵，火山活动和地壳运动比较剧烈，是冰川发育、气候分异的时代。这时候，海生无脊椎动物发生了明显的生态分异，达到了繁盛时期。藻类的变化很小，三叶虫的数量之多让人难以想象。常见的无脊椎动物有珊瑚虫、腕足类、腹足类、海百合和鹦鹉螺等，从数量和种类上看，这个时期的无脊椎动物比寒武纪都有明显的增多。

志留纪和泥盆纪（约 4.38–3.5 亿年前）

在经过漫长的演变后，脊椎动物出现，并占据了主导地位。这一时期鱼类发展繁荣，被称为"鱼类时代"。

原始两栖类

植物和昆虫的存在为两栖类的出现创造了条件，不过两栖类从水中爬上岸是在4000万年之后了。这时的植物很多，植食性动物的存在也为两栖类动物上岸提供了充足的食物。由于没有竞争，没有天敌的存在，两栖类得到了迅速发展。3.5亿年前，总鳍鱼的一个分支进化成原始两栖类动物，主要有迷齿类、壳椎类和滑体类。

一些海洋生物的灭绝

3.67亿年前，一颗流星光临地球，当流星滑落坠入大海时，天空中电光闪闪。这时地球上的温度开始下降，气候变得干燥。洋流和陨石的撞击给地球带来很大的气候变化，海洋温度再次降低，并且表层水盐度提高，海水中的氧气含量降低到让人难以想象的程度。这时期，至少有3-6个陨石落到海洋中，一些鱼类、造礁动物和腕足类海洋生物灭绝。

泥盆纪晚期

到了泥盆纪晚期,地球气候变得非常恶劣,大片的湖泊干涸,盾皮鱼类绝种,还有很多鱼类面临着绝种的威胁。一些总鳍鱼逐渐适应了环境的变化,它们在漫长的年代中逐渐改变自己。它们依靠偶鳍、内鼻孔和鳔爬上陆地寻找水源和食物,一些种类逐渐演变成最原始的两栖类动物。

最早的陆生动物

大气中的氧气含量逐渐增高,在平流层形成了臭氧层,臭氧层可以吸收大部分紫外线,对地球上的生物起到了保护作用,为古代生物从海洋向陆地发展创造了条件。昆虫是地球上最早的陆生动物,虽然最早的昆虫已经灭绝了,但是地球上进化最成功的动物还是昆虫。昆虫在动植物的总量中占据了三分之一的比例。它们在热带雨林繁殖得最盛,有坚固的外骨骼,这可以保护自身的安全,同时也能让它们在干旱少雨的时候摆脱死于缺水的命运。

石炭纪和二叠纪
（约 3.55-2.5 亿年前）

在石炭纪时期，由于气候比较潮湿，陆地上出现了由木贼、厚层的蕨类植物和又高又细的树木组成的森林，这是地球上最早出现的森林。

脊椎动物的代表

两栖动物的迷齿类和爬行动物是脊椎动物的重要代表。爬行动物在石炭纪时期出现，在二叠纪时期出现了首次繁盛。二叠纪时期也曾出现了盘龙目、兽孔目和杯龙目的动物，这些动物生活在东欧和南美等内陆，是现代鸟类、哺乳类和爬行类动物的祖先或者近亲。

学会飞行

石炭纪时期森林中各种植物众多,使环境变得湿润,各种形状和大小的两栖类动物逐渐繁盛,昆虫的体型也变得巨大。昆虫们能跑会跳,也会从树上滑行下来,一些昆虫适应环境的变化发育出了翅膀。能飞之后,昆虫在躲避捕食者和开拓新领地方面更具有优势,寻找食物也更加便捷。昆虫是最先学会飞行的动物,鸟类、哺乳类、爬行类在昆虫能飞之后也相继飞上了天空。

走进恐龙

恐龙化石的发现

关于化石的知识

远古动植物的遗骸能够被保存下来的主要形式是化石，化石是人类研究和探讨史前生物文化知识的主要依据。拉丁文"fossilis"的意思是"挖掘"，这个词是"化石"一词的来源，从这个词中可以显示出人类发现化石的途径。此外，岩层的风化、侵蚀也使得大量化石暴露出来。在这些化石中，绝大多数动物化石被埋藏的年限达到了数百万年。在化石中，牙齿的化石是最常见的，最古老的化石是距今35亿年的叠层石。

寻找化石

你有没有游览过发现化石的地方？你有没有在电视上看到过寻找化石的节目？你有没有参加过化石挖掘活动呢？那些研究化石的科学家叫作古生物学家，他们在挖掘化石的时候会使用一些基本的工具和方法，比如：用锤子敲打地面，用凿子和镘刀把化石挖出来，用刷子将化石上的灰尘刷掉，清理干净。

恐龙化石的挖掘工作

当恐龙化石被发现之后，考古人员就要把这些化石挖掘出来，这是一个非常缓慢的工作。尤其是一些特别微小的部位，可能需要一个人细心、认真地用几个小时的时间清理。如果是大块化石的话，要想从坚硬的岩石中把它挖掘出来，就需要考古人员寻找地点，利用各种机械工具，花费几个星期甚至几个月的时间才能完成。在挖掘过程中，还需要同时做测量、记录等工作。在一些不毛之地或者荒无人烟的沙漠中，恐龙化石的蕴藏量是最多的。

化石中的东西是什么

古生物学家们可以通过化石研究远古生物，你知道有哪些东西可以成为化石吗？从已经出土的化石中，我们可以知道几乎所有的生物体遗迹都能够形成化石。有骨骼、皮肤印痕、牙齿、足迹、粪便、昆虫和植物等。在这些东西之中，动物身体坚硬的部分是形成化石的最好原材料，比如骨骼和牙齿。

石化、外印痕和内铸模

石化的意思是"变成石头"，一些植物经过千百万年的矿化作用，逐渐转化成岩石，但这些石化之后的硅化物看起来跟原来差不多。外印痕指一些已经完全分解的有机体，在岩石中留下的自身的印记，这样的化石叫作印痕化石。一些有机体腐败之后的空壳被水中的矿物质等物质填满，甚至有的还在其中结晶，形成黑燧石，这种化石的形式与外印痕类化石相似。

琥珀化石

琥珀化石被称为地球上的"古老的史书"，琥珀化石中的昆虫栩栩如生，向人们诉说着多年前昆虫生活的情形，也展现了亿万年来昆虫的演变过程。古生物学家们可以通过琥珀化石研究地质年龄和远古生态环境，所以琥珀化石被视为珍贵的标本。

布鲁塞尔陈列的恐龙骨架

比利时有一名古生物学家叫路易斯·道罗，他把发现的禽龙化石运送到布鲁塞尔，在组装和研究之后，他把禽龙的骨骼与其他动物骨骼进行对比，最后得出了结论：禽龙有两条后肢。他还发现英国古生物学家吉迪恩·曼特尔手绘图中的禽龙鼻子上的那个角其实就是禽龙的拇指，并非真正的角。

恐龙的足迹

在化石中，有植物化石，有动物化石，也有一些是动物残骸化石，还有一些化石很有趣，它们只是恐龙留下的一些痕迹。

恐龙的脚印

单单只凭恐龙的脚印可以得到哪些信息呢？古生物学家们可以根据脚印之间的距离推测出恐龙腿的长度和恐龙奔跑的速度。经过研究得出的结论是，速度最快的恐龙每小时可以跑60千米，相当于人类跑步时速的4倍。

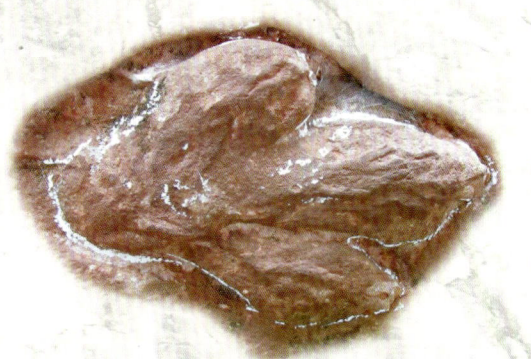

恐龙化石研究的意义

由于恐龙时代距离现在太过遥远，所以人们对恐龙的了解主要来源于对恐龙化石的研究。古生物学家们将化石解剖，从而研究恐龙的食性、身体构造、生活方式和行动方式等等，他们甚至还能通过对恐龙细胞的分析研究，确定恐龙在进化过程中的位置。现代古生物学家们对化石的研究采用了先进的电脑断层摄影仪等仪器，这样可以在不破坏化石内部的情况下对化石的细微构造进行研究。

化石的运输和清理

化石被发现之后，通常会连岩石块一起被送到实验室。标本制作人员会将化石从岩石块中取出来，然后清理干净。他们将化石放在一个大酸缸里浸泡，周围的母岩就会溶解掉。标本制作人员会用胶水和树脂将化石的脆弱部分加固，他们也会制作出一些遗失的骨头的模型，以方便骨骼的重建工作。美国芝加哥菲尔德自然史博物馆里有一副暴龙骨架，这副骨架耗费了12个人历时25000多个小时才整理好。

遗迹化石

一些恐龙留下的不是残骸，而是一些足迹、皮肤印迹、粪便等痕迹，这样的化石叫作遗迹化石。这些化石可以帮助古生物学家们研究恐龙的生活，所以价值很高。还有一些东西可以为研究恐龙的生活方式提供有用的信息，那就是巢穴和恐龙蛋。一般情况下，根据巢穴和恐龙蛋对恐龙进行研究或者鉴别，比依靠遗迹化石更为简单、容易一些。

足迹化石

在遗迹化石中，最常见的是足迹化石。这种化石甚至比动物的躯体或者骨骼等化石更为常见，因为一只恐龙只能留下一具尸体，但是它却可以留下数不清的脚印。这些足迹可以告诉人们恐龙是怎样走路的，专家们还可以根据这些足迹化石判断出恐龙是独居还是群居，包括它们的尾巴是否拖在地上。不过，从足迹化石很难看出这脚印是哪种恐龙遗留下来的。

"活的证据"：骨骼

恐龙骨骼的研究在科学家们对恐龙研究的工作中占据着重要的位置。研究恐龙化石的头部骨骼，可以探索出恐龙的感觉器官，从化石的牙齿中可以了解恐龙的生活方式。恐龙的骨骼因为类群不同而有所不同，兽脚类恐龙的眼眶后面有一个很大的孔，这样可以大大减轻恐龙头部的重量。人们从这些证据中可以得到想要的信息，所以说"化石会说话"。

恐龙的粪化石

19世纪，世界上第一次发现了粪化石。粪化石是指动物们的粪便石化之后形成的化石，考古学家们可以根据粪化石的发现研究动物们的巢穴，以及动物的饮食情况。古生物学家们从暴龙的粪化石中看到了鸭嘴龙的骨碎片，说明暴龙是肉食性恐龙。在鸭嘴龙的粪化石中发现了没有完全消化的植物残渣，还有孢子和花粉等。同时，从粪化石的形状还可以看出恐龙的肠道是什么形状的。

恐龙是什么

19世纪中期出土了一些未知生物的骨骼化石，这些骨骼是史前爬行动物恐龙的骨骼。恐龙的意思是"可怕的蜥蜴"，骨骼的发现激发了人们对恐龙的研究兴趣。6500万年前，恐龙灭绝了。人们从恐龙的骨骼或者骨骼碎片中研究推测恐龙的形态、生活习惯等信息。

重组恐龙骨架

人们希望将恐龙的骨架重新组装，那些失落的骨架会用制作成的模型代替。人们现在看到的大部分展示骨架是用细金属条作为支撑架构，用玻璃纤维制作的模型构成的。骨架重组的依据是爬行类、鸟类、哺乳动物的身体结构，皮肤的构造是参照了化石上的皮肤印痕，整个重现恐龙模样的过程非常漫长。

复原物

许多博物馆里都有恐龙模型，大小如同真的恐龙，特别逼真。在有的恐龙模型体内，装有一整排能够使它活动的电子机器人。这些电子机器人操控着模型，让它可以移动四肢、张嘴、闭嘴、眨眼睛，甚至可以让它像呼吸时一样收缩、扩张胸腔。这些模型里面配备了发声装置，可以让它们发出吼叫声，甚至有的还散发着食肉恐龙牙齿里面残留物的臭味。

生活年代

恐龙出现在三叠纪晚期，距今约有 2.35 亿年。6500 万年前是白垩纪晚期，统治地球 1.6 亿多年的恐龙遭遇了空前的灾难而灭绝了。现在，科学家们认为恐龙已经全部灭绝了，只有鳄鱼与恐龙有些亲缘关系，其他的爬行类动物都与它们相差甚远了。

恐龙的分类

从恐龙的身体构造特征来分类,可以将恐龙分成蜥臀目和鸟臀目两大类。它们的腰带在肠骨、坐骨、耻骨之间留下了一个小孔,这是其他爬行动物所不具备的,也说明这两类动物之间的亲缘关系最近。

蜥脚形类恐龙

蜥脚形类恐龙大多是素食恐龙,生活在侏罗纪和白垩纪时期。它们长着小小的头,长长的脖子和尾巴。它们的牙齿很有特点,是小匙形状的。马门溪龙产于中国四川和甘肃,生活在侏罗纪晚期,是蜥脚亚目的著名代表。马门溪龙的脖子和身体差不多长,由19节颈椎组成。

兽脚类恐龙

兽脚类恐龙大都是食肉动物,它们生活在三叠纪晚期到白垩纪时期。它们的头很发达,在恐龙之中属于最聪明的一类。它们嘴里的牙齿像匕首一样锋利,用两只脚走路,趾端的爪子非常锐利。霸王龙是这一类中的著名代表,比较出名的还有异特龙、棘龙和巨兽龙等。

甲龙类恐龙和头饰类恐龙

甲龙类恐龙出现于白垩纪早期,以植物为食,全身有骨质的甲板,身形低矮粗壮。人们熟知的有多刺甲龙、海拉尔龙、包头龙和爱德蒙托龙。头饰类恐龙主要生活在白垩纪时期,它的头骨厚重,颞颥孔是封闭的,骨盆中的耻骨不参与组成腰带。

鸟脚类恐龙

鸟脚类恐龙生活在侏罗纪早期至白垩纪时期,是鸟臀目恐龙中发现化石最多的类群。它们有的两足行走,有的四足行走。鸭嘴龙和禽龙等都属于鸟脚类,全部都是素食恐龙。

恐龙有多大

目前，人们发现的恐龙种类有800多种。在人们的观念中，恐龙都是非常凶狠的庞然大物。事实上，恐龙的大小因种类不同而有所不同，大的恐龙体积能超过一辆公共汽车，小的恐龙跟一只鸡差不多大。恐龙有共同的特征，那就是大脑很小，繁衍后代的方式都是将蛋产在陆地上。

恐龙化石的发现

相传1700多年前，中国四川省武城县就发现了恐龙化石。人们并不知道恐龙的存在，把这些骨头误认为是龙遗留下来的骨头。历史上有记载的最早发现恐龙的是一位英国人，名字叫吉迪恩·曼特尔，他的故居门上至今还留着"是他发现了禽龙"这几个字。

多种多样的恐龙体型

在小朋友们的心中，恐龙是个庞然大物，其实恐龙不仅样子多种多样，体型大小也有很大区别。

蜥脚类恐龙和腕龙类恐龙

蜥脚类恐龙中体型最长的是梁龙类恐龙，它们都有一条长尾巴，形状像一条鞭子。地震龙是梁龙的一种，它的身体甚至能超过36米，相当于四辆巴士的长度。腕龙类有着像长颈鹿一样的胸膛和宽大的身体，一只腕龙的体重相当于50头大象的重量，身高相当于6层楼的高度。虽然腕龙如此巨大，但还是会被体长接近12米的异龙捕杀并吃掉。

逐步进化

最早出现的恐龙是细小机敏的捕猎动物，这跟它们的祖先很相似。后来，一些恐龙的食性发生了改变，成为"素食主义者"。它们的身躯变得越来越大，这样就可以存放更多的食物了；脖子变长，便于吃到高处的食物；四肢比较粗壮，支撑着笨重的身体；就连骨骼的形状也发生了变化。

身形差异与取食

恐龙里边的素食主义者数量庞大，它们在食物分配方面很有原则，要按照自己的身高取食。蜥脚类恐龙个子大，要吃 10 米或者 10 米以上的食物；鸭嘴龙的食物在 3-4 米之间；角龙和弯龙取食高度差不多，都在 2 米或者 2 米以下；甲龙是个小矮子，只能吃地上的草或者 1 米左右的植物。

秀颌龙

秀颌龙是最小的恐龙之一，全长大约 75 厘米，是恐龙家族中小巧玲珑的种类。它的身体轻巧，后肢细长，牙齿尖利，有一条细长的尾巴。秀颌龙行动敏捷，不但善于快跑，而且还擅长腾跃，爬树也是它的绝活，它是侏罗纪时期一些小动物的天敌。

恐龙身上有哪些武器

恐龙家族内部存在着激烈的竞争,它们不仅要寻找食物,还要在同类的伤害中求得生存,所以它们必须要有强大的武器。

各种各样的武器

肿头龙的武器是它的头,因为它的头盖骨坚硬无比,甚至可以用头将暴龙的肋骨撞断。禽龙的手指上长着指钉,在与对手搏斗的时候,可以直接戳瞎对手的眼睛。梁龙长着结实的长尾巴,这是它的武器,甚至可以将6米长的对手扫翻在地。

盾甲

到了白垩纪晚期的时候,植食性恐龙身上厚重的皮肤演化成了盾甲。例如剑龙类身上的剑板和利刺,角龙类身上的角,甲龙类身上的背板等。甚至有一些种类的恐龙居然皮内成骨,长出了盾甲,将它们身上最容易受伤或者最容易暴露的部分密密地遮盖住。

牙齿

肉食性恐龙长着锐利的牙齿，这既是它们进攻的武器，也是它们获取食物的工具。通常情况下，它们的牙齿都会非常尖锐，当遇到植食性恐龙的时候就可以咬死对手。暴龙属于大型肉食类恐龙，当它们遇到单独行动的植食性恐龙时，就会发动猛烈的进攻。小型肉食性恐龙集体出动，它们会相互配合用锋利的牙齿咬死猎物，使植食性恐龙没有还手之力。

利爪

肉食性恐龙不仅有尖锐的牙齿，前肢还长着锋利的爪子。异特龙是生活在侏罗纪时期的食肉恐龙，它长着25厘米长的钩形爪子，在捕猎时可以像利剑一样刺穿猎物的身体。伶盗龙身体比人类还小，属于小型恐龙，身材矮小的它动作非常迅速，前肢上镰刀似的利爪是它杀敌自卫的利器。

恐龙能活多大岁数

恐龙受到环境和其他动物的威胁,会因各种原因而死亡。也许是因为争斗、饥饿,也许是因为疾病,这些我们都无从得知。

最高寿命的记录

芬兰首都赫尔辛基有一个专门研究动物寿命的人,在他的记录中:大象能够活到75岁,是哺乳动物中的"寿星",马的最高寿命为55岁,黑猩猩最多活到51岁;鱼类中,鲶鱼的最高寿命为60岁,鲤鱼为50岁;鸟类中,白鹦鹉和渡鸦是高寿的,能活到69岁;在马达加斯加岛和加拉帕戈斯群岛上生活着一种龟,能活到200岁,是动物界最长寿的动物。排除非正常死亡的因素,恐龙活到100-200岁一般不成问题。

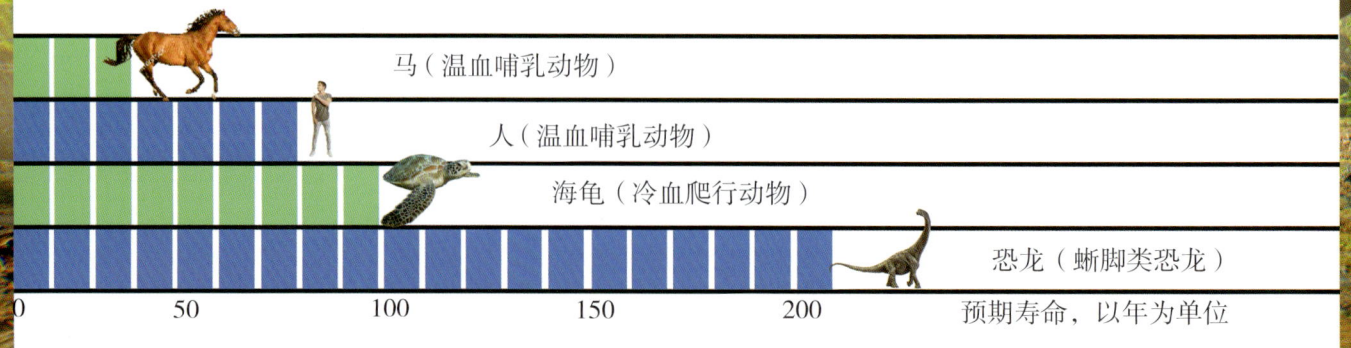

恐龙的寿命

能活到 200 岁的龟是恐龙的近亲,还有一些与恐龙有关系的鸟类也属于高寿动物,所以我们推测恐龙的寿命应该也很长。科学家们通过骨骼化石上的"年轮"计算恐龙的年龄,从出土的恐龙骨骼化石中,科学家们推测出恐龙的平均年龄是 120 岁,活到 100-200 岁是不成问题的,前提是恐龙不会早亡。肉食性恐龙比植食性恐龙寿命短,大型恐龙比小型恐龙活的时间要久一些。

恐龙之间如何交流

人类的交流主要靠视觉、听觉、感觉和触觉，其实动物之间也是这样交流的，它们可以通过彼此间的独特交流方式将自己的意思传达给对方。

交流信号

有人可能会问：动物之间的交流信号有哪几种啊？一般来说：第一种，视觉信号。当雄孔雀遇到喜欢的雌孔雀的时候，就将自己美丽的尾巴展示给对方，表达自己的喜爱之情。第二种，气味信号。比如臭鼬，臭鼬分泌的臭的液体，不但可以用在防御和攻击上，还是臭鼬领地的标志。第三种，声音信号。这是动物间最常见的交流信号。

敏锐的视觉

科学家们通过对恐龙化石的研究发现，恐龙眼窝的大小决定了它视觉的强弱，如果眼窝比较大，视觉就会很好。秃齿龙就属于这一类，哪怕是在黄昏，它都能发现空中飞过的蜻蜓，并迅速地将其捕捉。敏锐的视觉提高了恐龙的猎食效率，还能让它及时发现同伴身上出现的任何变化，并迅速做出应对。

鸭嘴龙的顶饰

一些恐龙住在茂密的丛林，也有一些住在广阔的草原，距离就给它们的沟通带来了不便。这时，最好的沟通方式就是声音传递。鸭嘴龙的头很奇怪，有一个华丽的顶饰，可以起到视觉刺激的作用。除此之外，顶饰还有一个更重要、更神奇的功能，那就是传播声音。因为顶饰的中间是空的，像发声管，可以在鸭嘴龙发出声音的时候形成回声，所以能将声音传播很远。

吸引雌性的方法

到了交配的季节，一些雄性恐龙的身体会变色，呈现出一种鲜艳的颜色，这种变化就是告诉雌性恐龙"我已经做好了做爸爸的准备，请选择我做你的丈夫吧！"雄性鸭嘴龙在交配季节，就是用色彩鲜艳的顶饰来吸引雌性的。此外，角龙的颈盾在交配的季节也会变得特别醒目。

大脑与智力

由于几乎没有恐龙大脑的化石被留下来,所以人们也无法知道恐龙的聪明程度。人们根据颅骨化石内部结构推测,恐龙的脑子体积大小各不相同。脑体积大的不一定智力高,科学家们认为恐龙的智力水平和它的生活方式等是相符合的。

像鹤鸵一样聪明吗

伤齿龙可以长到2米,它有一颗很大的大脑,这让它成为一个目光敏锐的捕猎者,可以利用自己的思维和智力诱捕猎物。鹤鸵在体型和大脑方面,都与伤齿龙极其相似,因此,专家们推测那些身体活动敏捷的恐龙所具有的智力水平应该和现代鸟类是相同的。

恐龙脑部与鳄的比较

EQ 即脑指数,是衡量脑的相对大小的一个度量,即动物脑的实际大小与预期的脑的大小的比值,常被用来估量动物的智力。鳄是恐龙的"远房亲戚",通过两者之间的对比,可以发现蜥脚类恐龙的 EQ 值较低,伤齿龙这一类的恐龙在恐龙中是最聪明的。

恐龙灭绝

恐龙出现以前，地球上90%的物种都消失了。地球在经历了数百万年的休养生息之后才恢复了生机。大约在距今6500万年前，恐龙突然遭到了灭顶之灾，神秘地消失了。究竟是什么原因造成了恐龙的灭绝呢？

气候变化说

恐龙灭绝的原因一直是个谜，科学家们各持己见，没有统一的说法。其中一种说法是这样的：地壳的运动使地球上"长"出来很多高山，沼泽地逐渐变少，气候开始变得干燥，许多植物干枯而死。气候的突然变化让恐龙很不适应，食物的缺乏更是加快了恐龙走向灭绝的步伐。

祸从天降

1980年，美国科学家路易斯·阿尔瓦雷兹通过对恐龙灭绝时期岩石的研究发现，在岩石中存在着一种地球上罕见的金属物质，这种物质叫作铱，在陨石中很常见。这个时期，岩石中铱的含量是正常情况下的100倍。他又对同时代的其他岩石进行了研究，也是这种情况。所以，他认为曾经有一颗巨大的陨石或者小行星与地球相撞，导致地球气候的改变，从而使恐龙走向了灭绝。

陨石

雪上加霜

小行星与地球的撞击造成了恐龙的灭绝，同时还引发了一系列的灾难事件。一些科学家认为，这次撞击在地球上造成了多米诺效应，不仅使很多物种灭绝了，而且还导致印度西部经常出现火山运动，火山喷发时产生的火山灰，影响了整个地球的气候。

火山爆发说

也有很多人不同意气候变化说，他们认为由于火山的爆发，空气中二氧化碳含量增大，造成了地球的温室效应，植物加速死亡，恐龙们也就没有了食物。火山爆发还带来了其他恶劣的影响，比如臭氧层遭到破坏，紫外线直接照射到地球表面，这也加速了恐龙的灭绝。

三叠纪

三叠纪是恐龙时代开始的标志。这时候出现的植物只有一些无花植物，主要的动物品种是原始的两栖动物喙龙和原始鳄类动物。

新的时代

恐龙的灭绝代表着一个时代的终结。大自然的规律告诉我们，任何一种生物都会经历产生、繁荣和灭亡几个阶段。恐龙灭绝之后，地球上出现了更多的动物种类，这些动物更加高级，地球再次变得生机盎然起来，新的时代开始了。

名字的由来

三叠纪是 2.5 亿至 2 亿年前一个地质时代，是中生代的第一个纪，位于二叠纪和侏罗纪之间。三叠纪这个名称是 1834 年弗里德里希·冯·阿尔伯提出的，他将在此期间形成的地层称为三叠纪。三叠纪是红色的三层岩石层，位于白色的石灰岩和黑色的页岩之间，在中欧普遍存在。三叠纪分为早、中、晚三个世，并用"T"作为代表符号。

生物天绝事件

一次灭绝事件结束了三叠纪，这次事件对海洋生物的摧毁最为惨重。其中牙形石灭绝，所有的海生爬行动物只留下了鱼龙，其他的全部消失。贝壳、腹足动物和腕足动物等无脊椎动物也受到了巨大冲击。在这次灭绝事件中，海洋中22%的属，有将近一半的种消失了。

气候

三叠纪的典型标志是红色砂岩，这说明当时没有冰川的存在，气候炎热干燥，南极和北极没有陆地，也许也没有被冰覆盖。地球上各地的气候由其地理分布所决定，海洋附近的地区自然是草木茂盛，空气湿润。陆地面积广阔，气候相对干燥，蕨类品种和针叶树由于比较抗旱，逐渐在陆地上取得了竞争优势。那些距离海洋远的地方，海风无法吹过去，所以大陆中部地区形成了一个非常大的沙漠。

海洋

除了泛古陆，地球表面是一望无际的海洋。海洋的面积相当于现在地球上所有海洋的总面积，横跨两万多千米。当时，地球上只有一个大陆，所以海岸线也没有太长。三叠纪时遗留下来的近海沉积大多分布在如今的西欧地区，数量很少，所以三叠纪时期分层的确定主要依靠的是那些暗礁地带的生物化石。

邓氏鱼鹦鹉螺类软体动物

已经灭绝的软骨鱼

已经灭绝的恐龙爬行动物

已经灭绝的喙龙类爬行动物

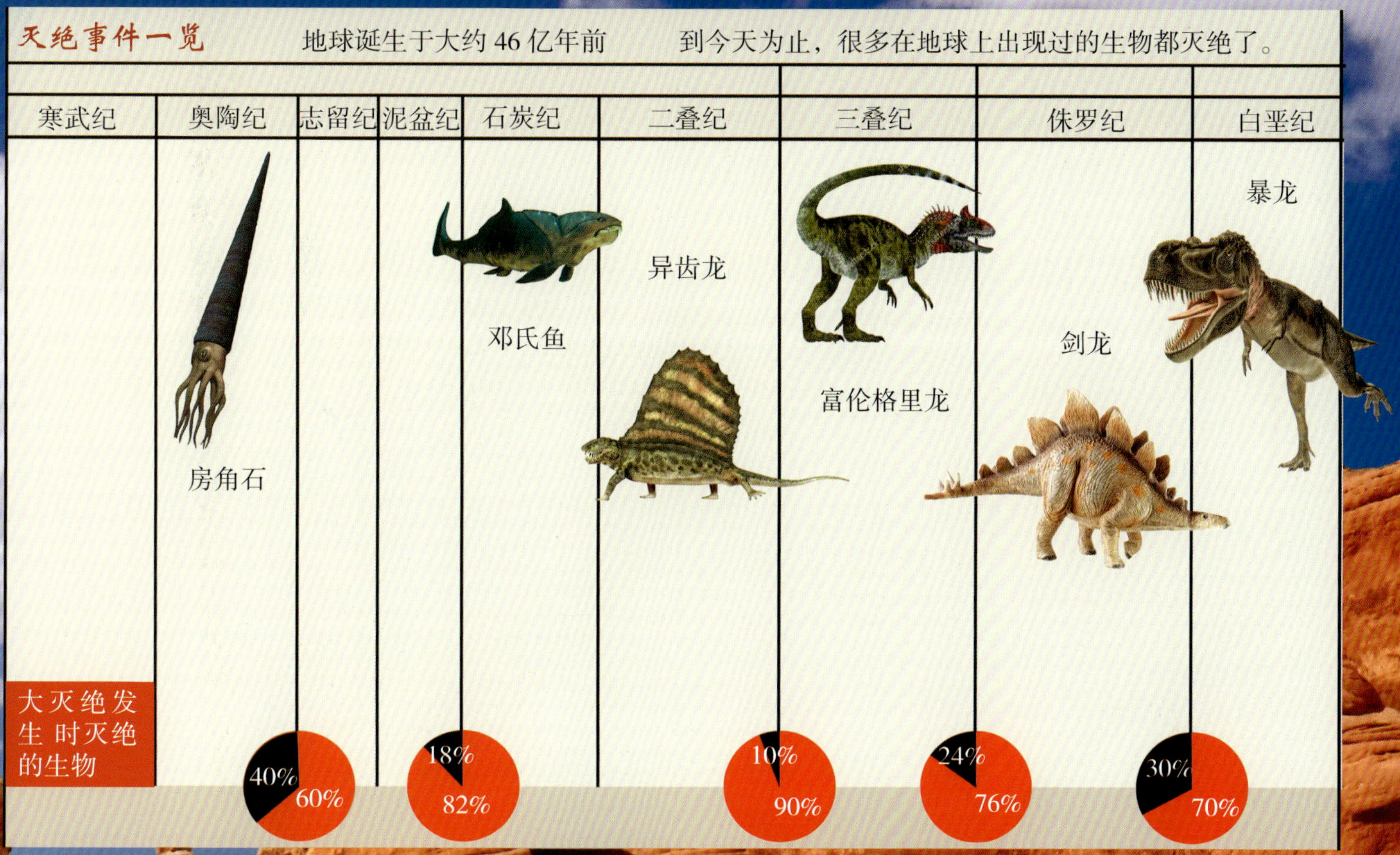

灭绝事件一览

地球诞生于大约46亿年前，到今天为止，很多在地球上出现过的生物都灭绝了。

寒武纪	奥陶纪	志留纪	泥盆纪	石炭纪	二叠纪	三叠纪	侏罗纪	白垩纪
	房角石		邓氏鱼		异齿龙	富伦格里龙	剑龙	暴龙
大灭绝发生时灭绝的生物	40%/60%		18%/82%		10%/90%	24%/76%		30%/70%

陆地

三叠纪时期的陆地只有一块大陆，被人们称为泛古陆，也就是大冈瓦纳古陆。这与现在地球上的大陆板块截然不同，包括了大洋洲、非洲、南美洲、南极洲以及亚洲的印度等部分地区。不过，到了三叠纪中期，泛古陆出现了分裂的征兆，欧洲中部和西部、北美洲和非洲的西北部都出现了裂痕。

原蜥脚类

原蜥脚下目最初被认定为三叠纪恐龙,是恐龙的祖先。大椎龙的研究说明了原蜥脚下目的确是单系群,但并不是蜥脚下目的祖先,而是其姐妹生物群。

蜥脚形亚目

蜥脚形亚目是一群小型、原始的物种,它们的身长1.5-3米,最早出现在卡尼阶中期或晚期。例如在巴西发现的农神龙和托氏黑水龙,在摩洛哥发现的爱珍多龙,最近在马达加斯加还发现了一个未命名属。在卡尼阶与诺利阶过渡期,原蜥脚下目恐龙开始出现演化现象。

原蜥脚类动物

原蜥脚类动物的身体构造是一样的。到了早诺利阶晚期，它们身体长度发生了很大的变化，长到原来的两倍。例如纤细板龙，纤细板龙是在德国地区的中下层被发现的，身长 4-6 米，后来演化出板龙属的其他种。在当时的环境中，占优势的草食性动物是板龙。与它占有相同生态位的是较大型的原蜥脚类恐龙里奥哈龙，里奥哈龙身长 10 米，过大的身体让它不得不四足行走。非洲南部，在巨型草食性动物中占主要地位的是优肢龙、黑丘龙、贝里肯龙，以及雷前龙等基础蜥脚类恐龙。

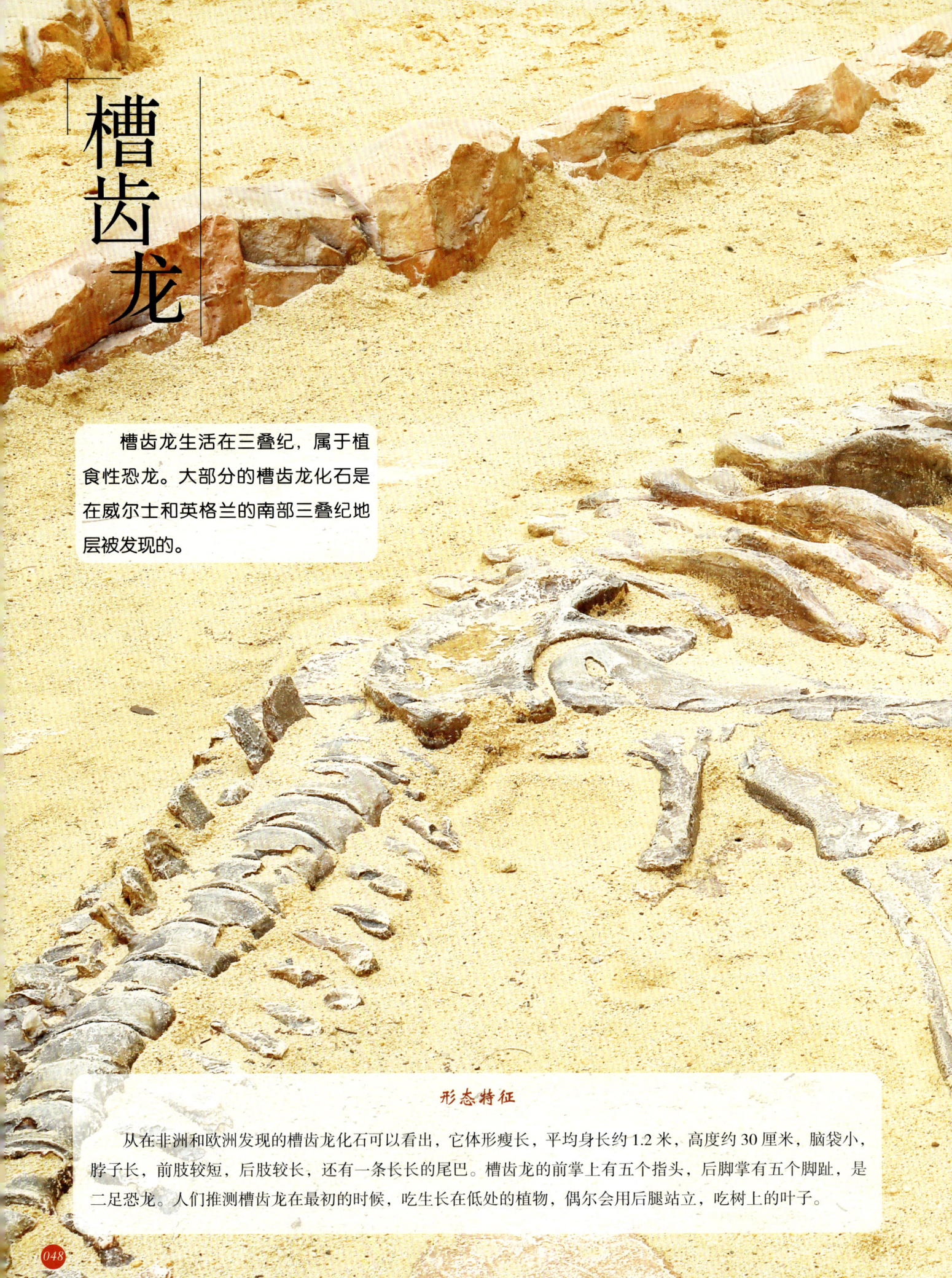

槽齿龙

槽齿龙生活在三叠纪,属于植食性恐龙。大部分的槽齿龙化石是在威尔士和英格兰的南部三叠纪地层被发现的。

形态特征

从在非洲和欧洲发现的槽齿龙化石可以看出,它体形瘦长,平均身长约1.2米,高度约30厘米,脑袋小,脖子长,前肢较短,后肢较长,还有一条长长的尾巴。槽齿龙的前掌上有五个指头,后脚掌有五个脚趾,是二足恐龙。人们推测槽齿龙在最初的时候,吃生长在低处的植物,偶尔会用后腿站立,吃树上的叶子。

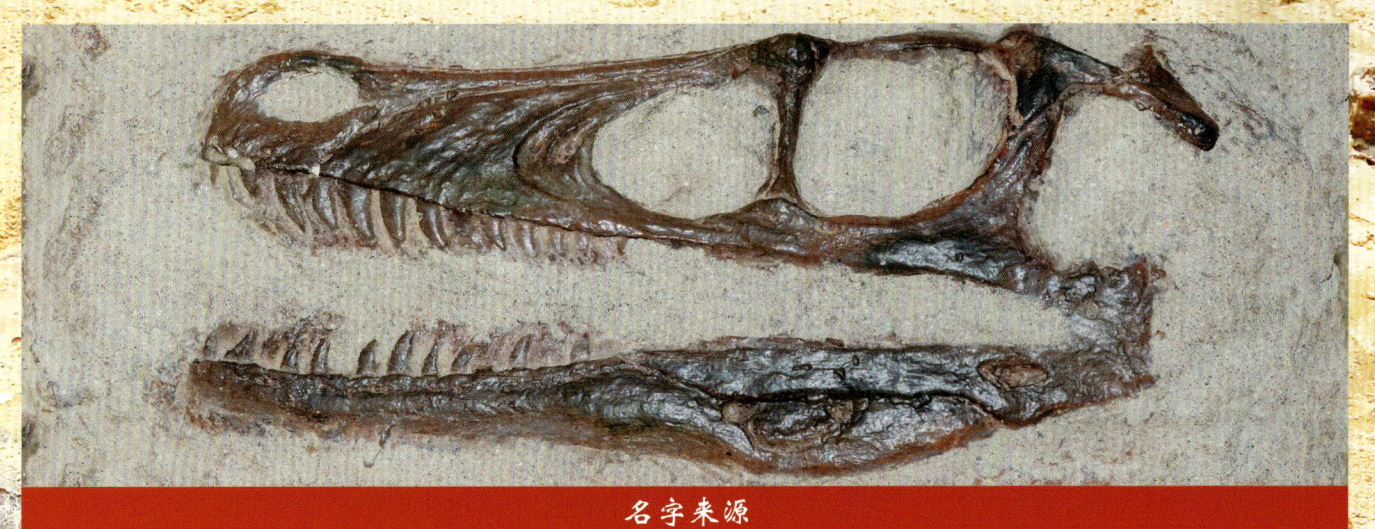

名字来源

　　槽齿龙是一种植食性恐龙，它的牙齿位于齿槽内，是叶状的，边缘呈锯齿状，所以人们给它取名为槽齿龙。槽齿龙的齿骨比较短，还没有下颌长度的一半，它的下颌前端略微向下弯曲。和近蜥龙比起来，槽齿龙的牙齿很多，头部比较长，略显狭窄。

生活环境

　　三叠纪时期，地球上的气候比较温暖。三叠纪晚期，劳氏鳄目等镶嵌踝类主龙在肉食性动物中仍然占主导位置，那些小型肉食性恐龙还没有强大起来。蜥脚形亚目恐龙逐渐发展起来，取代了二齿兽类的优势地位，成为植食性动物中的优胜者。

板龙

板龙生存于 2.1 亿年前，是三叠纪晚期的古老恐龙，名字的意思是"平板的爬行动物"。科学家们研究发现，这是生活在地球上的第一种植食性的巨型恐龙。

外部特征

在板龙出现之前，那些食草动物的个头并不大，最大的就像现在的猪那么大。板龙的身体比这些食草动物大很多，它的尺寸已经达到一辆公共汽车那么长了。板龙走路的时候，通常情况下是四肢并用的，只是偶尔也会用两条后腿直立起来，去寻找食物。

进食方式

板龙长着又扁又平的牙齿，形状像树叶，吃东西的时候只能撕咬植物，不能像人类那样咀嚼。那这样吃东西会不会造成消化不良呢？不会的。板龙的这种进食方式和现在的鸟类差不多，它的食道下部有一个很大的嗉囊，这个嗉囊比篮球还要大。板龙会吃进去一些小石子，将食物磨碎，所以它就不会因为消化不良而肚子疼啦！

板龙的指头

　　板龙有五个指头，这五个指头长短不一、粗细不同。比较短的是第四根和第五根，相对较长的是中间的两根，在五根指头中最粗的是拇指，它的长短也比较适中。在走路的时候，板龙手脚并用，拇指会翘起来。当它想要抓东西时，就会把五根指头全部展开，将东西紧紧地攥在手里。

大椎龙

大椎龙也叫巨椎龙,它的希腊文意思为"巨大的脊椎",大约生活在2亿年前到1亿8300万年前。人们在南非、莱索托,以及赞比亚等地发现了大椎龙的化石。

外形特征

大椎龙长着长长的脖子和尾巴,头部很小,身体有些修长,身体长度可达4-6米。大椎龙有尖利的拇指指爪,在吃东西的时候可以起到协助进食的作用,当它受到攻击的时候可以用来保护自己,加强防卫。近年的研究发现,大椎龙具有类似鸟类的气囊,而且有亲代养育的行为。

有趣的大"手掌"

在大椎龙的"手掌"上,长着特大号的拇指,上面长着弯曲的长爪子,能在大椎龙受到外来侵犯时起到防御作用。除此之外,拇指还具有抓握的功能,但是必须在第二指和第三指的配合下,才能捡起地上的食物。剩下的两个"手指"因为弱小,根本就起不到什么作用。你说大椎龙的"手掌"是不是很有趣?

"迷"一样的食性

最初，古生物学家们从大椎龙的化石中得出结论：大椎龙是植食性恐龙。后来，一些古生物学家推翻了这种观点，他们觉得大椎龙嘴巴前面的牙齿不但高，而且很坚固，并且牙齿上还有锯齿边缘，所以他们认为大椎龙应该是一种肉食性恐龙。也有一些古生物学家认为，大椎龙属于杂食性恐龙，因为它应该是用前面的牙齿撕咬食物，用后面的牙齿咀嚼食物。

特殊的爱好——"吃石头"

大椎龙虽然身体庞大，但是牙齿却非常小，根本就嚼不烂食物。所以，它们吃东西的时候，直接把食物吞进肚里去。食物到了胃里之后，怎么消化呢？大椎龙有办法，它们为了帮助消化，就有了吃石头的特殊爱好。胃里的小石头能够把食物磨碎、捣烂，食物中的营养就可以被吸收了。大椎龙把它的这个绝活儿教给了其他的植食性恐龙。现在的鸟类，也是用这种方法进食的。

优雅的身姿

与板龙相比，大椎龙的体形比板龙轻巧得多，头较小，胸部也比较平，尾巴更长更细，四肢也更瘦长一些。从身体比例看，大椎龙的头部小，这样可以减轻重量，有利于它抬起头。平时，大椎龙用四肢行走，并且走路的时候总是一副昂首挺胸的样子，尾巴保持水平，姿势非常优雅。

兽脚类

兽脚类包括僵尾龙类和峭鼻龙类等，在恐龙系统关系的分支图上，它是一个节点类群单元。

兽脚类的类型

兽脚类是最早的恐龙类群中的一种，它们出现的时间很早，天生就是好猎手。它们擅长奔跑，以快速敏捷的奔跑者形象出现在人们的认识当中。兽脚类分成两大类，其中一类体型较小，身体灵巧，肢骨内是中空的，叫作虚骨龙类；另一类体型较大，达到了中等甚至是大型体型，身体沉重，是肉食性龙类。

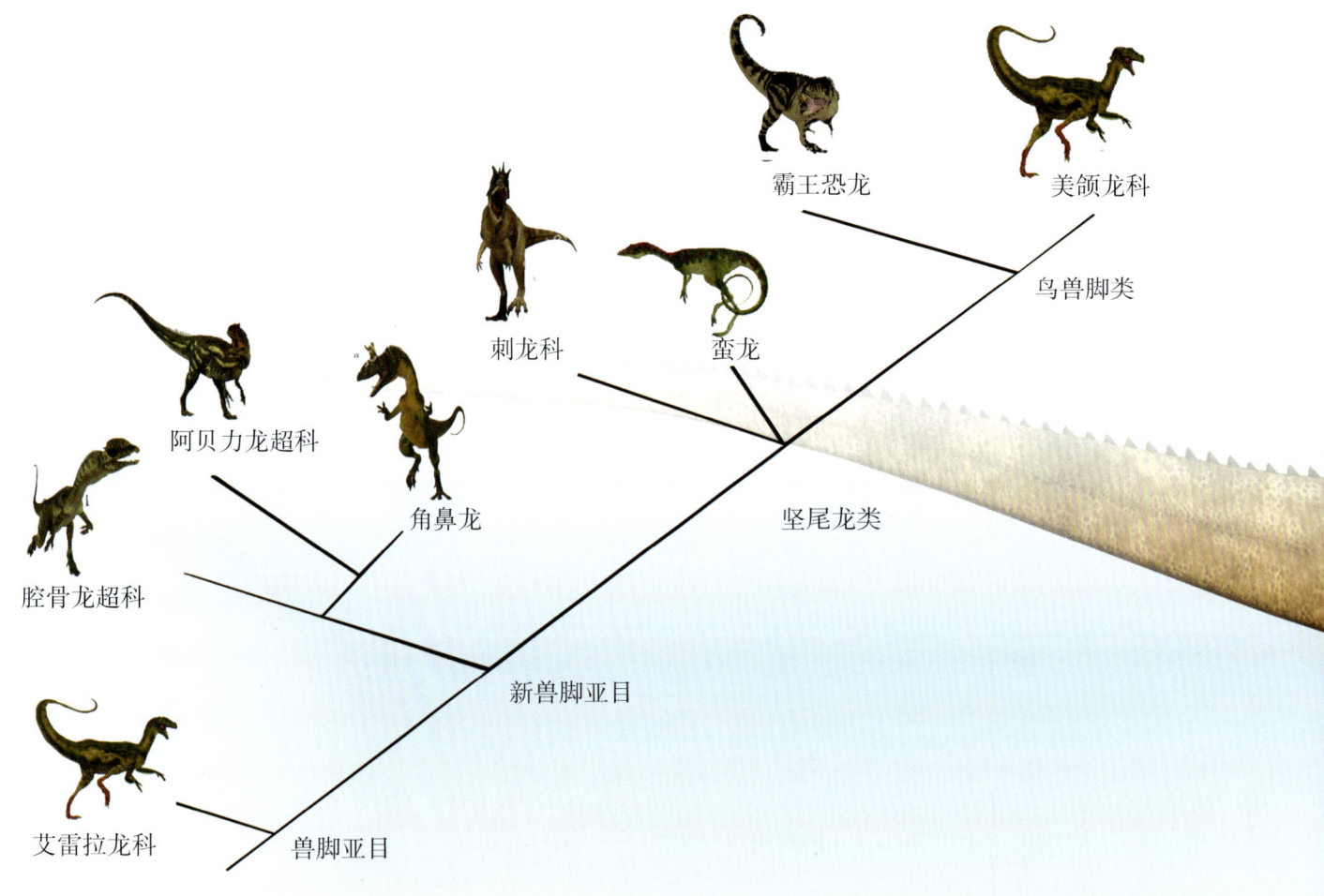

独特的身体特点

兽脚类的身体结构有些独特，这让它们具有了快速奔跑的能力。它们的后肢长而且发达，用来支撑身体运动，前肢比后肢短，更适合抓捕猎物。但是有的兽脚类动物的前肢退化了，有的甚至根本就起不到作用。它们的后肢强健有力，有三个长脚趾着地，脚趾的顶端长着钩子状的爪子。兽脚类的头很大，它们的脑子在恐龙中是最大、最复杂的，有些像鸟的脑子，这表明它们已经具有了较为复杂的生活习性和活动规律。

头部结构

兽脚类的眼睛很大，视力不错，能发现很远地方的猎物。它们的口裂较深，上下颌长满了牙齿，这些牙齿又长又大，向后弯曲，形状像一把匕首，在牙齿的边缘，有许多小锯齿。这种牙齿结构更利于撕咬猎物，便于取食。它们的头骨结构粗壮，脖子很灵活，这样在捕猎或者撕咬动物的时候更便于头部转动。

侏罗纪

侏罗纪是介于三叠纪和白垩纪之间的一个地质年代,时间大约是在 1 亿 9960 万年前(误差值为 60 万年)到 1 亿 4550 万年前(误差值为 400 万年)。三叠纪 – 侏罗纪灭绝事件标志着侏罗纪时期的开始。

重大事件

在侏罗纪时期,曾经发生过一些特别的生物事件和地质事件。在侏罗纪晚期,发生了最大的海侵事件,科学家们推测这与古陆分裂、新海洋扩张有很大的关系。同时期发生的还有环太平洋带内华达运动,这说明古陆分裂与太平洋板块俯冲事件有很大的关系。

生物多样

这一时期地球上的气候逐渐变得温暖，从海洋生成的风吹往内陆，给沙漠带来了雨水。曾经寸草不生的地方开始出现了植物，为恐龙提供了食物。最早出现的是小型鸟类，也许它们是由小型恐龙演化而成的呢。在海洋里，生活着大型的、会游泳的新爬行类动物和硬骨鱼类。

名字的由来

"侏罗纪"这个名称是法国古生物学家亚历桑德雷·布朗尼亚尔在1829年提出的。欧洲的侏罗系岩性有明显的三分性，在1837年，德国南部侏罗系被分为下、中、上3个部分。到了1843年，研究者将上部白色泥灰岩称为白侏罗，中部棕色泥灰岩称为棕侏罗，下部黑色泥灰岩称为黑侏罗。

小盾龙

小盾龙属于装甲亚目,是出现在侏罗纪早期的一种植食性恐龙,生存于侏罗纪的北美洲。

生活习性

古生物学家们研究发现，小盾龙和腿龙是亲戚，所以它们有很多相似的地方。小盾龙喜欢吃柔软、鲜嫩的蕨类植物，走路或者奔跑的时候惯用两足。当它跑起来的时候，长长的尾巴起到了保持身体平衡的重要作用。

吓人的"铠甲"

小盾龙的全身覆盖着坚硬的骨板和骨刺，背部整整齐齐地排列着一行或者两行较大的骨刺。这样，小盾龙全身披挂着铠甲，大大提高了安全系数，让大多数猎食者望而却步，这是它最有效的防御武器。现代的穿山甲也是如此，身上披着与小盾龙差不多的铠甲。

外形特征

小盾龙的体重有 25 千克左右，身长约 1.2 米，它的臀部高度为 0.5 米。小盾龙的头部很小，前肢短小，后肢较长，总体来说四肢纤细，臀部较宽，拖着一条长长的尾巴。在小盾龙化石的头骨中只发现了下颌，下颌上长着简单的颊齿，在吃东西的时候可以咬断植物。

莱索托龙

莱索托龙是目前已知的最原始的鸟臀目恐龙之一，生活在侏罗纪早期。

化石发现

1978年，莱索托龙化石在非洲的莱索托地区被发现，也正是因为如此，这种恐龙才被命名为"莱索托龙"。莱索托龙化石发掘地距离法布尔龙化石发掘地很近，所以人们经常把它与法布尔龙混为一谈。

生活习性

莱索托龙的嘴巴跟鸟嘴的形状相似，嘴边覆盖着角质物，非常坚硬，嘴里有形状不一的牙齿。莱索托龙主要吃一些低矮的植物。当它吃东西的时候，嘴边的覆盖物能快速地切下植物，再用参差不齐、形状各异的牙齿处理食物。它的颌骨两边有箭头一样的牙齿，有利于它将食物牢牢咬住。

特大号的"蜥蜴"

莱索托龙长着小脑袋，纤细的脖子，长长的身子，大大的肚子和细长的尾巴，看起来跟现在的蜥蜴差不多。如果从正面看，莱索托龙就是一只特大号的"蜥蜴"，不同的是它是用后肢行走的"蜥蜴"。莱索托龙身体轻巧，前肢短小，而后腿较长，且很有力量，这使它的身体具有良好的平衡性。莱索托龙跑动的时候，动作敏捷，速度飞快，被人们称为"快跑能手"。

翼龙

翼龙是一种会飞的爬行类动物,它是恐龙的亲戚,却不是恐龙。最大的翼龙是风神翼龙,体型和一只成年长颈鹿差不多。当风神翼龙的翼伸展开以后,能够横跨整个网球场。

风神翼龙

古生物学家们在美国发现了风神翼龙化石,经过研究发现,风神翼龙是有史以来最大的飞行动物之一。翼龙的翼展开足以和一架小型飞机媲美。它的体重有250千克左右。白天,它们可以持续远距离飞翔,捕食恐龙幼崽或者一些小型恐龙。

双型齿翼龙

双型齿翼龙名字的意思是"两种类型的牙齿",它生活在距今2亿到1.8亿年前的侏罗纪时期。它的头特别大,占到了身长的三分之一,它的牙齿有两种不同的类型,这种现象在翼龙中很少见。古生物学家们认为它以蜥蜴等爬行动物为食。双型齿翼龙在猎食的时候,会快速闭合双颌,这样能够保证猎物不会逃走。

无齿翼龙

顾名思义，无齿翼龙的意思就是"没有牙齿的翼龙"。它们属于群居动物，当它们在海面上搜寻食物的时候，一旦发现目标，就用又长又尖的喙把食物叼起来。无齿翼龙在空中飞翔，当它们升上高空翱翔的时候，只需偶尔鼓动双翼。古生物学家们推测，无齿翼龙巨大的脊冠可能是用于求偶时向对方炫耀的。

翼手龙

翼手龙生活在侏罗纪晚期。人们在德国发现了翼手龙化石。因为它的骨架保存完整，所以在人们所知道的翼龙之中，它是更广为人知的一种。翼手龙的颈部比早期翼龙的颈部要长，尾巴很短，这些特征有利于翼手龙在空中翱翔。

蛇颈龙

在侏罗纪和白垩纪时期,海洋的主宰者是蛇颈龙,它是一种肉食性爬行类动物。主要分成两大类:一类是长颈型蛇颈龙,它长着蛇状的长颈和小巧的头。另一类是短颈型蛇颈龙,长着大脑袋和布满尖牙的大颌。

外形特征

根据蛇颈龙脖子的长短可以分成长颈型蛇颈龙和短颈型蛇颈龙两大类。长颈型蛇颈龙长着小巧的头、长长的脖子和短短的尾巴,它的躯干像乌龟。从外形上看,它就像是一条蛇穿过了一个乌龟壳。虽然长颈型蛇颈龙的头很小,但是它的嘴巴却很大。嘴巴里长着很多锥形牙齿。短颈型蛇颈龙脖子较短,身体粗壮,头部较大。大多数种类的蛇颈龙身体庞大,个别种类的还能达到18米。蛇颈龙的四肢发生了变异,特化成肉质鳍脚,适合划水,这让它既能够在水中行动自如,也能到陆地上产卵或者休息。

特殊的胃和脖子

科学家们在蛇颈龙胃部的化石中发现了一个现象,那就是它的胃里有很多小石头。科学家们猜想它这样做可能是为了增加自身的重量,可以让它在水中的活动更加自如。科学家们估计,成年蛇颈龙的体重可以达到1000千克,相当于14个成年人的体重。如果遇到敌人的追杀,蛇颈龙就必须借助长脖子调整方向,又长又灵活的脖子帮助它扭转身体,可以朝任意方向逃走。如果哪只很不幸的蛇颈龙脖子出了问题,将会给它的自身安全带来很大的隐患。

蛇颈龙吃什么

有人不禁要问蛇颈龙吃什么呢?很久以前人们认为它主要吃海洋中的鱼、鱿鱼和其他游水动物。后来人们在蛇颈龙化石中发现它的肠胃中残留着海底贝类动物的残骸,比如蛤蜊、螃蟹和其他贝类。这说明蛇颈龙的食物范围很广,不仅仅吃海洋中的鱼类,它还能将自己长长的脖子伸到海底,捕食一些软体类和贝壳类动物。

斑龙

斑龙的拉丁文意思是"采石场的大蜥蜴",又被人们称作巨齿龙或者巨龙。它生活在侏罗纪中期,是一种体型庞大的肉食性兽脚类恐龙。

无肉不欢的斑龙

斑龙是一种无肉不欢的动物,它身体笨重,像犀牛一样,可以达到1吨重,简直就是一个庞然大物。由于身体的笨重,它们无法捕捉到一些机灵的小动物,但是它们可以用自己的身体打败一些小型肉食类恐龙,还有一些走路缓慢的植食性恐龙。当它们闻到死去的恐龙尸体散发的味道之后,就赶紧跑过去,并把一些小型的食腐动物赶走,自己独享大餐。

外形特征

斑龙有约1米长的头部和厚实的颈部,颈部虽然厚实,但是却非常灵活。当斑龙站立起来的时候,可以达到3米高,让人觉得非常凶猛。斑龙的前肢短小,但很健壮,后肢修长有力。它们长着锋利的爪子,在与其他动物搏斗的时候,就用利爪发动凶猛的攻击。可以说,斑龙是一种残暴的肉食性恐龙。

足迹中的秘密

在英国牛津附近的一个石灰岩采石场中，人们发现了许多恐龙足迹化石，并认为可能是斑龙的足迹化石。从这些足迹化石中，人们推测出斑龙的行动并不迟缓，奔跑的时候最高时速为 30 千米。从这些足迹化石中，人们还推测了当时的情形：斑龙在刚开始的时候缓慢地前行，忽然发现前面有猎物出现，于是就加快速度奔跑着去追猎物了。

川街龙

川街龙属于植食性蜥脚类恐龙，生活时代是侏罗纪中期。

恐龙聚居地

古生物学家们在中国云南禄丰县川街乡发现并挖掘出川街龙的骨架化石，与此同时，还在这里发现了7具不同种类的恐龙骨架化石。这一发现说明云南禄丰县是恐龙化石比较集中的地方，也是研究价值最高的地方之一。正是由于这个原因，这里成了世界古生物学家们最珍爱的地方之一，为人类对恐龙的研究做出了重要贡献。

"团结就是力量"

川街龙虽然是大块头,但是它们行动迟缓、防御力差,如果川街龙单独在到处都是食肉恐龙的环境中出现的话,就会很轻易地被对方击杀。因此,川街龙出去的时候从不单独行动,而是成群结队地外出。它们可能几十只,也可能上百只结伴而行,这样的队伍简直是壮观极了,那些食肉恐龙面对如此庞大的队伍也只好望而兴叹了。

庞然大物

从挖掘出来的川街龙骨头的化石来看,古生物学家们推测这是一种大型的恐龙。为什么会这么说呢?因为川街龙的身长竟然可以达到24米以上,你说它是不是不折不扣的庞然大物呢?

梁龙

在侏罗纪晚期,梁龙大多活动在北美洲西部,它是最早被人们熟知的恐龙之一,曾是恐龙这一物种的代表。

巧妙移动庞大的身体

专家们认为梁龙身体庞大,它们在移动的时候,头部向前平伸着,尾巴向后直直地伸平。在吃东西的时候,梁龙靠强壮的后肢稳稳地站立着,把头和脖子伸到高大的树上吃叶子,这也方便了它们去吃那些其他恐龙根本吃不到的东西。

贪吃就是勤劳

每一个刚生下来的梁龙好像都有一个相同的使命,那就是吃。幼小梁龙仅有几千克重,但它们的成长过程是急速增重的过程,每年增重1吨才算达标,要不然就是发育不良、营养失衡了,最终只能被大自然淘汰,成为强者的美食。所以,梁龙每天平均要增重2-3千克才可以达到标准,为了这个必须完成的使命,它们甚至用尽一生的时间不断努力地吃!

不断变化的"家"

梁龙生活的场所不是固定不变的。成年梁龙身体庞大,进入森林活动很不方便,所以,梁龙在生产时把蛋产在森林边缘的开阔地面上。当小恐龙出生后,它必须跑进森林,只有这样才能有充足的食物支撑自己长大。等到梁龙长到树林不能提供足够的活动空间时,它们就开始往森林边缘移动,去寻找梁龙群。

外形特征

梁龙有细长的脖子，细长的尾巴，前肢略短于后肢，臀部高高拱起。梁龙的头部相对于整个身体不大，脸长，鼻孔在眼眶上方。脖子和尾巴同样都很细长，但二者的灵活性大不一样，长脖子不能随意弯曲，而长尾巴很灵活，强健有力的尾巴是对敌的重要武器。

自卫武器

梁龙天生动作缓慢，行动不便，是一种植食性恐龙。因此，它面对敌人时，偶尔也会束手无策。但对于一般的掠食性恐龙来说，看到它那庞大的身体就已经害怕了，何况它还有一条强壮无比的尾巴，这是它对敌的强大武器，可以用力抽打敌人，成功击退敌人。梁龙有时可能会用后肢和尾巴支撑身体直立，用巨大的前肢全力自卫。在梁龙前肢内侧的指上还长着一个爪子，这爪子大而弯曲，也是强大的自卫武器。

嗜鸟龙

在侏罗纪晚期,有一种小型的肉食性恐龙——嗜鸟龙。被发现的嗜鸟龙化石数量极少,现仅存有一具完整的嗜鸟龙骨架。

外形特点

嗜鸟龙的身高就如成人一般,大小似一匹马,但它们的体重却不超过一只中型犬。嗜鸟龙有着超强的视觉能力,头部狭长,它长长的尾巴能够在活动中使身体保持平衡。嗜鸟龙四肢纤细,脚趾都长有利爪,后肢强健,前肢灵活。当嗜鸟龙发现猎物时,它会把前肢藏起来,一旦猎物靠近,它的爪子就会突然伸出来抓住猎物。

精明强悍的掠食者

在很长一段时间里,由于嗜鸟龙的尾巴长长的,拖在地上行走,人们推测这是一种反应迟钝的恐龙。但是,经研究发现,它们的尾巴在奔跑时与地面平行,用来保持身体平衡。因为它们动作灵活,眼神又那么好,所以,那些躲在夹缝里生存的小型哺乳动物和小恐龙,都成了它们猎捕的对象。

名不副实的家伙

嗜鸟龙的意思为"吃鸟的恐龙",但专家并没发现它们靠捕食鸟类生活的证据。至于它们能否捕捉到鸟类还是不能确定的。在遇到强敌时,它们会选择逃跑,不会主动迎战。成年的嗜鸟龙在捕食时会选择一些小型动物,其他恐龙的幼崽常常会被它偷吃。

异特龙

侏罗纪晚期，有一种大型掠食性恐龙——异特龙，它性格凶残暴烈。

异特龙化石

异特龙是一种善于主动发动攻击的大型掠食性动物。人们曾在蜥脚类恐龙骨头上看到异特龙的齿痕，专家们推测异特龙可能以蜥脚类恐龙为食，或进攻，或找它们的尸体。也有证据证明异特龙曾攻击过剑龙，有专家在化石上发现，在异特龙的尾椎上，有个痊愈的伤口，很有可能是与剑龙搏斗留下的。

体型与特征

异特龙属于二足恐龙。异特龙也被人称为异龙或特龙，成年后身长可达到9.7米左右，体重1.5-3吨。它的头部巨大，靠后肢站立行走，久而久之，它的后肢要比前肢强健得多，但前肢手掌长有三个指头，指上有锋利的尖爪，长度约为25厘米。异特龙的尾巴又长又重，对身体起到平衡作用。两只眼睛上方有三角形的角冠，可能是用于求偶的。

有腹肋

据专家们分析，异特龙具有和鸟类相似的气囊系统，因为在异特龙的颈椎和脊椎骨之间，有一块中空区域，这一点与现代鸟类十分相似。异特龙的胸腔呈桶状，强壮的肋骨之间距离很大，开始人们以为它们没有腹肋，后来经过专家们的不断研究，发现异特龙是有腹肋的。

致命的牙齿

异特龙是一种凶猛的掠食性动物，异特龙的牙齿有锯齿状边缘，像锯子一样。虽然不能咬碎骨头，但可以刺穿猎物的皮肉，把一大块鲜肉从对方身上咬下，猎物即使能够逃跑，最后也会因失血过多而死亡。

始祖鸟

在侏罗纪晚期，有一种小型恐龙，叫始祖鸟，它们属于恐爪龙下目，也是恐爪龙类的原始类型的代表之一。

起源与分布

起初，人们把始祖鸟看作是鸟类的祖先，后来认为它是一种小型兽脚类恐龙。经过专家们研究发现，它们生活在侏罗纪的提通阶早期，不是鸟类的祖先，很有可能是后期恐爪龙类的祖先。它们的标本只在德国境内被发现过，它的德文名字为"首先的鸟"或"原鸟"，它们的化石主要分布在德国南部。

体型与特征

始祖鸟体型约有现今中型鸟类的大小，长有阔及于末端的圆形翅膀，尾巴比躯干还要长一些。

体长最长的始祖鸟可达1.2米，它的羽毛与现今的鸟类羽毛很是相似，但也有很多特征与兽脚亚目恐龙相近，例如它们都有细小的牙齿，可以用来捕食昆虫和细小的无脊椎生物。

锋利的爪子

从始祖鸟的标本来看，它们的翅膀上生有爪子，后趾末端也长了锋利的爪子。这种爪子不利于始祖鸟的行走，但对攀爬树枝非常有利，所以，有的专家就提出始祖鸟栖息在树上的说法。

白垩纪

白垩纪是中生代的最后一个纪,大约始于 1.45 亿年前,终于 6550 万年前,历经 8000 万年。

物种分布

在白垩纪早期,陆地上占统治地位的植物是裸子植物和蕨类植物,主要植物群由银杏、苏铁、松柏和有节类组成。同时,在这一时期出现的被子植物,到中期大量繁殖,在晚期陆生植物中占统治地位。除此之外,还出现了杨、栎、枫、胡桃、木兰等植物,已经很接近新生代植物群的面貌了。

海生动物

在白垩纪时期,海洋生物也热闹起来,我们认识的鳐鱼、鲨鱼和其他硬骨鱼,也相继出现了。海生爬行动物有早至中期的鱼龙类、早中晚期的蛇颈龙类、晚期的沧龙类。

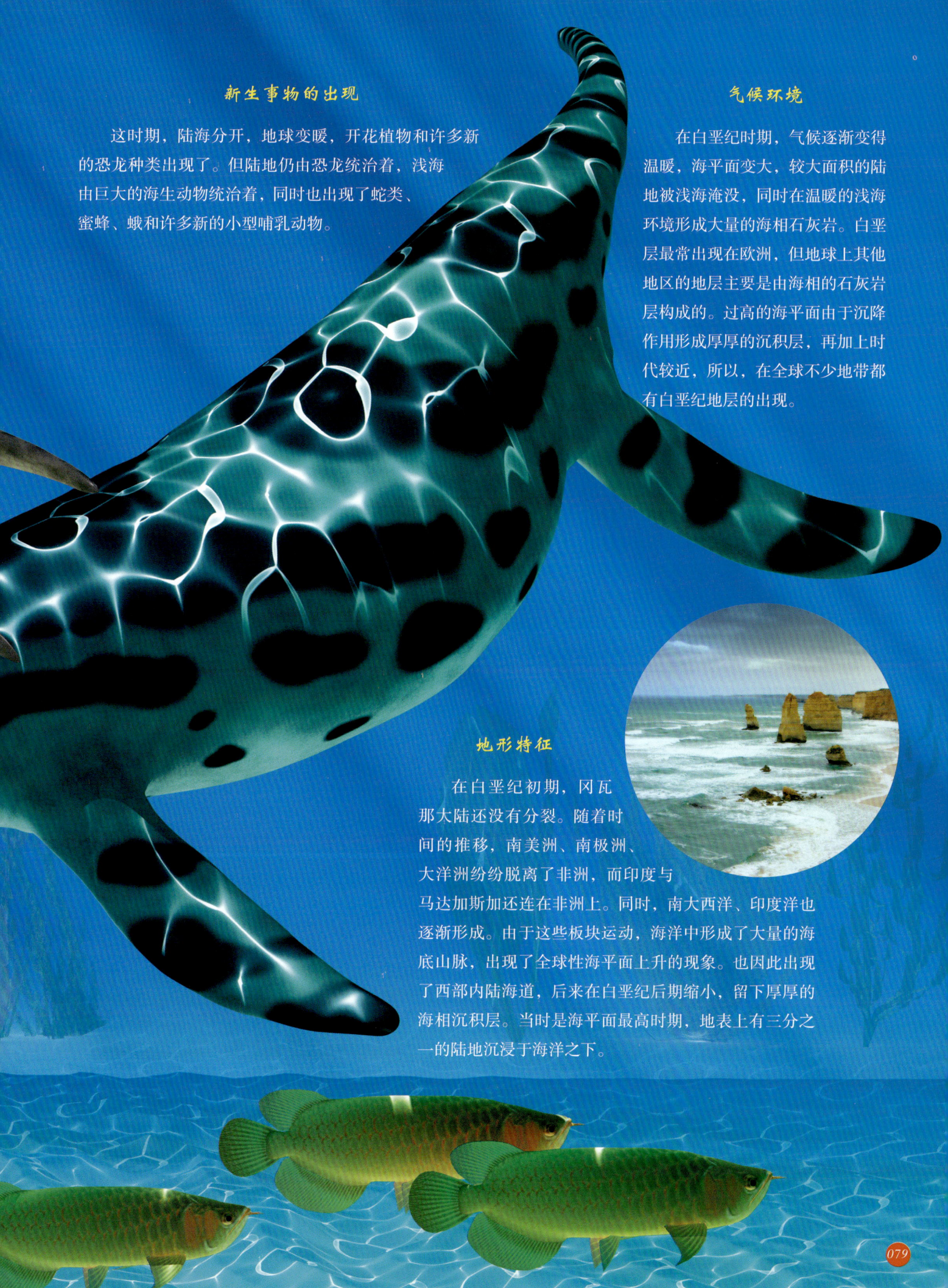

新生事物的出现

这时期,陆海分开,地球变暖,开花植物和许多新的恐龙种类出现了。但陆地仍由恐龙统治着,浅海由巨大的海生动物统治着,同时也出现了蛇类、蜜蜂、蛾和许多新的小型哺乳动物。

气候环境

在白垩纪时期,气候逐渐变得温暖,海平面变大,较大面积的陆地被浅海淹没,同时在温暖的浅海环境形成大量的海相石灰岩。白垩层最常出现在欧洲,但地球上其他地区的地层主要是由海相的石灰岩层构成的。过高的海平面由于沉降作用形成厚厚的沉积层,再加上时代较近,所以,在全球不少地带都有白垩纪地层的出现。

地形特征

在白垩纪初期,冈瓦那大陆还没有分裂。随着时间的推移,南美洲、南极洲、大洋洲纷纷脱离了非洲,而印度与马达加斯加还连在非洲上。同时,南大西洋、印度洋也逐渐形成。由于这些板块运动,海洋中形成了大量的海底山脉,出现了全球性海平面上升的现象。也因此出现了西部内陆海道,后来在白垩纪后期缩小,留下厚厚的海相沉积层。当时是海平面最高时期,地表上有三分之一的陆地沉浸于海洋之下。

暴龙

暴龙又名霸王龙，是一种极其凶猛的肉食性恐龙。

掠食还是腐食

暴龙奔跑的速度不是很快，它不完全是我们以前认为的掠食性动物，也吃动物的腐烂的尸体。有的古生物学家认为，暴龙的前肢力气不是很大，在猎食中发挥的作用不大，但它的听觉和嗅觉很灵敏，有利于猎捕食物。它的牙齿和双颌也可以进攻敌人，用来对付那些行动缓慢的植食性动物还是比较有利的。

在恐龙界的地位

电影《侏罗纪公园》确立了暴龙在恐龙界的地位。它最为著名，但并不是有史以来最大的肉食性恐龙，只是在它生活的那个年代，暴龙是体型最大的肉食性恐龙。它的咬合力大于任何一种陆生动物。有的专家认为，暴龙除了自己猎食外，还喜欢吃腐食，它那巨大的颌部和牙齿可以把骨头咬碎。

形体特征

暴龙是双足恐龙的一种，靠后肢行走活动，它的身长能够达到13米，体重大概有7吨。暴龙的尾巴又短又粗，它的头颅骨约1.3米长，显得比较大，牙齿有60多颗，锯齿状的牙齿锋利无比。上下颌骨与牙齿的完美组合成为暴龙的强大武器，甚至有人称它为"绞肉机"。

恐爪龙

在白垩纪早期,最凶猛的恐龙当属恐爪龙。虽然它们体型没有其他肉食动物那么粗壮,但它们智力发达,是一种极其灵巧而凶猛的猎手。

难以下嘴的雕齿兽

雕齿兽是一种牙齿上有着沟槽的古兽,它的颚齿非常有力,臼齿粗大坚硬,非常适宜咬碎植物。不用担心这些牙齿朽坏,因为它们会不断更新,因此,雕齿兽可以无所顾忌地想吃就吃。值得一提的是,雕齿兽身体有硬壳保护,尾巴上也有兽甲,所以,恐爪龙想用利爪对付它可不是那么容易的。

独特的本领

恐爪龙平衡能力很好,所以它们能够用一只脚着地,另一只脚任意抬起,挥舞锋利的爪子,轻而易举地将猎物捕获,并开膛破肚,迅速将其变为自己的美餐。

平衡指数很高

恐爪龙的尾巴是身体的"平衡器",就像走钢丝的杂技演员手中的平衡杠。在奔跑时,恐爪龙的尾巴像棍子一样翘起,起到平衡作用。它的尾巴由一连串长达45厘米的棒状骨组成,非常坚硬。

可怕的爪子

恐爪龙的双脚各长着一只令人望而生畏的爪子,连威名远扬的霸王龙都怕它三分。它们每只脚上有四个脚趾,分别长有巨大的镰刀状的尖爪,尤其是第二个脚趾上的爪子最长,想必是进攻的主力。在猎取食物时,它们就会用利爪猛烈地进攻对方,行刺准确无误,成功概率很大。

阿马加龙

阿马加龙是一种蜥脚类恐龙,它们背后有两列长棘刺。在侏罗纪到白垩纪时期,南半球有一块超大陆"冈瓦那",阿马加龙是生活在这里的恐龙之一。

外形特征

阿马加龙背上的两列棘刺,是它外形最鲜明的特征。这些棘刺是从头部到背部的脊骨中长出来的,被视为"神经棘",但由于细而不坚,不能作为防御外敌的有利武器。有的专家认为,在这些神经棘之间长着有皮膜的"帆","帆"中有血管,很有可能是对着太阳调节血液的温度,对着风释放热量的。在它们的颈部与背部脊骨上有一列高棘,位于颈部的最高处,两两相对排列,一直到背部、臀部,才逐步降低高度。

化石发现

在 1991 年,阿根廷古生物学家利安纳度·萨尔加多和约瑟·波拿巴在内乌肯省的阿马加峡谷发现了一种恐龙的化石,便将其命名为阿马加龙。

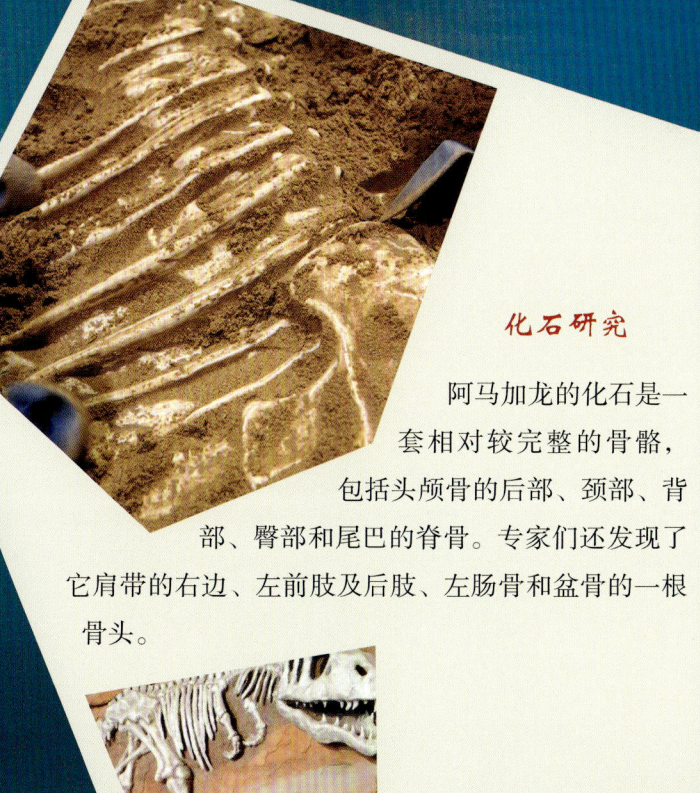

化石研究

阿马加龙的化石是一套相对较完整的骨骼，包括头颅骨的后部、颈部、背部、臀部和尾巴的脊骨。专家们还发现了它肩带的右边、左前肢及后肢、左肠骨和盆骨的一根骨头。

镰刀龙

在白垩纪晚期，有一种恐龙，它的爪子像镰刀一样锋利，被称作镰刀龙。最早的镰刀龙化石是外蒙古地区发现的。

镰刀龙的食性

有的人认为镰刀龙属于植食性恐龙，因为它的前爪非常锋利，足以割断各种灌木，而且，它的牙齿特别多，从牙齿和消化系统来看，镰刀龙更适合吃植物。根据这些特点，很多人同意这种看法。但镰刀龙的爪子也能挖开蚁穴，轻易地吃掉洞中的白蚁，所以人们对镰刀龙的食性还是有争议的。

化石发现

科学家们把镰刀龙类的化石碎片凑到一起，发现这是一种样子奇怪的恐龙。它们身高 10 米左右，头却很小，后肢粗壮，还挺着一个"啤酒肚"，样子怪怪的。它们的骨骼虽然能证明它是肉食性恐龙的亲戚，但从它们的牙齿和消化系统来看，它们不适合吃肉，而是更适合吃植物。

奇怪的样子

镰刀龙属于兽脚亚目手盗类恐龙,第一次发现其化石是在蒙古国。起初,人们认为它是某种龟类动物。因为它的爪子弯曲,长达 75 厘米,甚至有的爪子能长到 1 米,前肢有 2.5 米左右,整体看上去如一把除草的镰刀,所以才被人们称为镰刀龙。它的尾巴上长有骨棒,笔直而又坚硬。

巨大长爪

镰刀龙的长爪子不仅方便进食,更是一种锋利的武器。雄性镰刀龙之间在争夺配偶时,它们的巨大长爪起到了重要作用,在格斗中获胜的雄性恐龙就能夺取到异性。除了这些,它们的长爪还可以抵御外敌,保护自己。在近代,人们在我国内蒙古阿拉善地区发现了镰刀龙的近亲——阿善龙和北票龙,它们也有鸟类的特征,但同属镰刀龙科。

阿根廷龙

在距今1亿年的白垩纪中期，今天的南美洲地区生活着一种恐龙叫阿根廷龙，它们是蜥脚类大型植食性恐龙。

最大的陆地动物

阿根廷龙的化石被发现后，人们推测出其身长大约在30米以上，体重惊人，至少有90吨。正是因为这样的体型，它们可以说是"无龙可敌"了。因此，阿根廷龙是迄今为止，人类发现的曾在地球上生活过的最大的陆地动物之一。当时的南美洲，是一个非常适合蜥脚类恐龙生活的地方，经过不断进化，阿根廷龙体型越来越大，把在侏罗纪时期生活的蜥脚类恐龙给比下去了。

个子高缘于营养好

阿根廷龙的体型如此庞大，是因为它的摄食量十分惊人，正如一个人要想长高个儿，就不能挑食，每日必须摄取足够量的营养，才能长得强壮、高大。阿根廷龙的生活环境非常适宜植物生长，在白垩纪中期，天气温和，气候稳定，丰富的食物给阿根廷龙提供了取之不尽的营养，这对它们的成长、进化起到了关键的作用。

阿根廷龙真的天下无敌吗

由于阿根廷龙有如此庞大的身体，人们有好长一段时间认为，它们有足够的能力吓退对它们垂涎三尺的捕食者，应该是天下无敌的。可在一次化石的出土中，这一定论被打破了。在1955年出土了一具巨大的肉食性恐龙骨架，后被确认为是南方巨兽龙化石，此龙化石嘴中咬着阿根廷龙的颈骨。从体型上看，南方巨兽龙比阿根廷龙略小了一些，但如果围攻体型庞大的阿根廷龙，南方巨兽龙也是有可能取胜的。

棘龙

在白垩纪中期,非洲生活着一种当地特有的恐龙,长相怪异,名为棘龙,是一种肉食性恐龙。

半水生动物

棘龙是一种肉食性动物,半水生,会猎食鱼类,这在肉食恐龙中很少见。因为它们生活在水中的时间相对较长,所以减少了它们与其他类恐龙因抢地盘、抢食物而搏斗的可能性。

怪异的长相

棘龙身体庞大,体重约18吨,身体最高达18米。棘龙有一副怪异的模样,背上有明显的长棘。棘龙与鳄鱼类似,牙齿排列紧密,呈圆锥状。因为棘龙头部较大,所以人们都觉得它们的智商应该会很高。棘龙用四条腿走路,前肢比后肢短,在奔跑时,只用后面两条腿。

背上的"帆"

  棘龙背部有个扇形的鳍状凸起,上面表皮厚厚的,整个看起来有点像小船上扬起的帆,但这张"帆"是不能折叠或收拢的,它由一串长长的脊柱支撑着,每一根脊柱都是从脊骨上直挺挺地长出来的,这张扬起的"帆"正是棘龙与其他恐龙的最大区别。甚至有人认为,雄性棘龙在求偶时,就会展示自己的"帆","帆"越大就越能争取到配偶;也有人说这个凸起的背可以调节体温。

三角龙

三角龙之所以被这样称呼，是因为它头上长有三只角，它的外形与犀牛有几分相似，中等身材，四肢强壮。

三只角与喙

由于到现在还没有发现完整的三角龙化石，所以学术界对其三只角有很大争议，有的说是用来自卫的，能有效抵抗敌对动物；有的却认为这是用于求偶的。三角龙生活在晚白垩纪时期，属于植食性恐龙。在所有植食性恐龙里，它算是绝对的强者。三角龙的头很大，嘴为喙状，身体似坦克般强壮。三角龙的喙因为它的粗糙饮食而受到磨损，但在它的一生中喙是持续生长的。

十分出名

在现代的电影、动画片、漫画等媒体中,三角龙十分出名,"出镜率"很高。在电影等媒体中,三角龙可以与暴龙格斗,由此我们可以想象到它的身体有多强健。但这也只是我们的推测,不过三角龙与暴龙在历史上确实生活在同一时期。

三角龙的角

三角龙与犀牛从外形上确实有一点相似:都有角。但它们的角质不同,前者是骨质的,长度超过1米,后者是角质的皮肤。因此,三角龙的角十分具有攻击性。据专家们研究,三角龙的身体最多可承受百吨左右的冲击力。由此不难看出,三角龙确实有实力与当时的暴龙搏斗。所以说,三角龙是那个时期恐龙界的强者之一。

三角龙的起源

在19世纪20年代人们发现了原角龙,它被视为三角龙的祖先。后来,人们发现了多种角龙科化石,比如:祖尼角龙、隐龙、开角龙等。因此,人们对三角龙的起源有了很大争议。目前,很多人认为三角龙是由开角龙演化而来的。

慈母龙

人们原以为恐龙产下卵后会一走了之，任其自生自灭，可从慈母龙被发现后大家就改变了这种看法。

专家结论

从恐龙的足迹化石来看，专家们认为：慈母龙经常带领小恐龙散步，大恐龙站在两边，小恐龙走在中间，这就类似于大象群的外出列队。慈母龙每次能产下大概20个恐龙蛋，当这些小恐龙出世以后，每天要吃掉上百斤草类食物。所以，慈母龙为了喂养宝宝们，每天需要寻找大量的食物。这样的结论让所有学者很是惊讶，使他们觉得称其慈母龙十分贴切。

名称由来

20世纪70年代，在美国蒙大拿州，美国古生物学家们挖掘出一些恐龙窝，在一个恐龙窝巢边发现了一具恐龙的骨架和十五只幼小恐龙的化石。看样子，这些小恐龙像是刚刚出生不久，只有一个月大。人们在研究这些小恐龙化石时，发现小恐龙的牙齿有磨损痕迹，可以看出宝宝们已经能够进食。那是谁在喂它们食物呢？肯定不是它们自己，因为它们太小，还不会觅食。所以，专家们推测这应该是大慈母龙将食物喂给宝宝们吃的，因此人们称这种恐龙为慈母龙。

长相温顺

慈母龙长相温顺。它长着一个长脑袋，和马头一样，在眼睛上方长着一个实心的非常小的骨质头冠，有可能只是为了装饰。脸颊的颧骨处还长着一个三角形的突起。慈母龙的嘴巴像鸭子嘴一样又宽又扁。由于慈母龙是四肢行走，前肢比后肢要短一些，所以，当它在走路的时候，臀部是全身最高的地方。

群落中的巢

蛋山遗址的慈母龙巢穴均匀地排列着，巢与巢之间的距离正好相当于一只成年慈母龙的身长。慈母龙群落很有可能把巢穴建在一起，以抵御外来攻击。

好妈妈的工具

慈母龙的前肢相比后肢较细，但慈母龙的前肢作用很大，在慈母龙筑巢的时候，可能先用后肢挖个洞穴，然后用前肢塑出形状。在慈母龙妈妈下蛋时，前肢可用于支撑身体。

原角龙

原角龙是比较原始的角龙科恐龙，它的化石被发现于亚洲的白垩纪晚期底层。

生活习性

在原角龙的一个墓地中，科学家们同时发现了幼年和成年的原角龙骨架化石，从这可以推测出原角龙喜欢群居生活，它们是一种以家族为单位生活的群体。

外形特征

原角龙体型较小，体长约为 1.5 米到 2 米。它们生活在陆地上，靠四肢行走，所以四肢发达。虽然它们的四肢短小，却很有力。脚趾端有蹄状爪，便于着地前行。原角龙头部大小比较适中，而尾巴与身体相比显得很长。

化石发现

美国自然历史博物馆组织的考察队于 1923 年夏天在蒙古火焰崖附近发现了原角龙化石。更可喜的是，其中有原角龙蛋化石。这是人类第一次发现恐龙蛋化石。但后来经过专家们研究才发现，这并不是原角龙蛋化石，而是窃蛋龙蛋的化石。

保护性命的头盾

原角龙的鼻骨上面长有一个小凸起。也许是因为它的头上没有角，在头部形成一个头盾。在遇到肉食性恐龙的进攻时，这头盾就起到了保护作用，能使脖子免于被咬断而丧命。

特暴龙

在中国和蒙古，人们早就发现了特暴龙的化石。它与北美洲的暴龙极为相似，同属于肉食性兽脚类恐龙。

坚固的颅骨

特暴龙的上颌骨后方，有个楔入泪骨内的大型突起。虽然它的鼻骨和泪骨间缺少骨质的连结，但它们在咬合时，其力量可以从上颌骨直接传递到泪骨。所以，特暴龙的泪骨、前额骨、额骨间更加牢固。正是因为它们的牢固连结，特暴龙的颅骨才格外坚固。